Kauderwelsch
Band 12

W0239863

Venz@Fotolia.com

Sabanci-Merkez-Moschee in Adana

Impressum

Marcus Stein
Türkisch — Wort für Wort
erschienen im
Reise Know-How Verlag Peter Rump GmbH
Osnabrücker Str. 79, D-33649 Bielefeld
info@reise-know-how.de

© Reise Know-How Verlag Peter Rump GmbH
15., neu bearbeitete Auflage 2010
Konzeption, Gliederung, Layout und Umschlagklappen
wurden speziell für die Reihe „Kauderwelsch" entwickelt
und sind urheberrechtlich geschützt.
Alle Rechte vorbehalten.

Bearbeitung Josef Overberg, Michael Blümke
Layout Günter Pawlak
Layout-Konzept Günter Pawlak, FaktorZwo! Bielefeld
Umschlag Peter Rump, Coverfoto: Jürgen Schwieder
Fotos © Diverse Fotografen@Fotolia.com, (Namen am jeweiligen Foto)
Druck & Bindung Fuldaer Verlagsanstalt GmbH & Co. KG, Fulda

ISBN: 978-3-89416-488-1
Printed in Germany

Dieses Buch ist erhältlich in jeder Buchhandlung Deutschlands, Österreichs, der Schweiz und der Benelux-Staaten. Bitte informieren Sie Ihren Buchhändler über folgende Bezugsadressen:
Deutschland Prolit GmbH, Postfach 9, 35461 Fernwald (Annerod) sowie alle Barsortimente
Schweiz AVA-buch 2000, Postfach 27, CH-8910 Affoltern
Österreich Mohr Morawa Buchvertrieb GmbH, Sulzengasse 2, A-1230 Wien
Belgien & Niederlande Willems Adventure, www.willemsadventure.nl
direkt Wer im Buchhandel kein Glück hat, bekommt unsere Bücher zuzüglich Porto- und Verpackungskosten auch direkt über unseren Internet-Shop: ***www.reise-know-how.de.***

Zu diesem Buch ist ein **AusspracheTrainer** erhältlich, auf **Audio-CD** in jeder Buchhandlung Deutschlands, Österreichs, der Schweiz und der Benelux-Staaten oder als **MP3-Download** unter ***www.reise-know-how.de***

Der Verlag möchte die **Reihe Kauderwelsch** weiter ausbauen und **sucht Autoren!** Mehr Informationen finden Sie unter ***www.reise-know-how.de/rkh_mitarbeit.php***

Kauderwelsch

Marcus Stein

Türkisch

Wort für Wort

Reise Know-How
im Internet
www.reise-know-how.de
info@reise-know-how.de

*Aktuelle Reisetipps
und Neuigkeiten,
Ergänzungen nach
Redaktionsschluss,
Büchershop und
Sonderangebote
rund ums Reisen*

Kauderwelsch-Sprechführer sind anders!

Warum? Weil sie Sie in die Lage versetzen, wirklich zu sprechen und die Leute zu verstehen.

Wie wird das gemacht? Abgesehen von dem, was jedes Sprachbuch bietet, nämlich Vokabeln, Beispielsätze etc., zeichnen sich die Bände der Kauderwelsch-Reihe durch folgende Besonderheiten aus:

Die **Grammatik** wird in einfacher Sprache so weit erklärt, dass es möglich wird, ohne viel Paukerei mit dem Sprechen zu beginnen, wenn auch nicht gerade druckreif.

Alle Beispielsätze werden doppelt ins Deutsche übertragen: zum einen **Wort-für-Wort**, zum anderen in „ordentliches" Hochdeutsch. So wird das fremde Sprachsystem sehr gut durchschaubar. Denn in einer fremden Sprache unterscheiden sich z. B. Satzbau und Ausdrucksweise recht stark vom Deutschen. Ohne diese Übersetzungsart ist es so gut wie unmöglich, schnell einzelne Wörter in einem Satz auszutauschen.

Die **Autorinnen** und **Autoren** der Reihe sind Globetrotter, die die Sprache im Land selbst gelernt haben. Sie wissen daher genau, wie und was die Leute auf der Straße sprechen. Deren Ausdrucksweise ist nämlich häufig viel einfacher und direkter als z. B. die Sprache der Literatur oder des Fernsehens.

Besonders wichtig sind im Reiseland **Körpersprache, Gesten, Zeichen** und **Verhaltensregeln**, ohne die auch Sprachkundige kaum mit Menschen in guten Kontakt kommen. In allen Bänden der Kauderwelsch-Reihe wird darum besonders auf diese Art der nonverbalen Kommunikation eingegangen.

Kauderwelsch-Sprechführer sind keine Lehrbücher, aber viel mehr als Sprachführer! Wenn Sie ein wenig Zeit investieren und einige Vokabeln lernen, werden Sie mit ihrer Hilfe in kürzester Zeit schon Informationen bekommen und Erfahrungen machen, die „taubstummen" Reisenden verborgen bleiben.

Inhalt

Konversation

A-Z Anhang

Vorwort und Gebrauchsanweisung

Eray Haciosmanoglu@Fotolia.com

Bosporus-Brücke in Istanbul

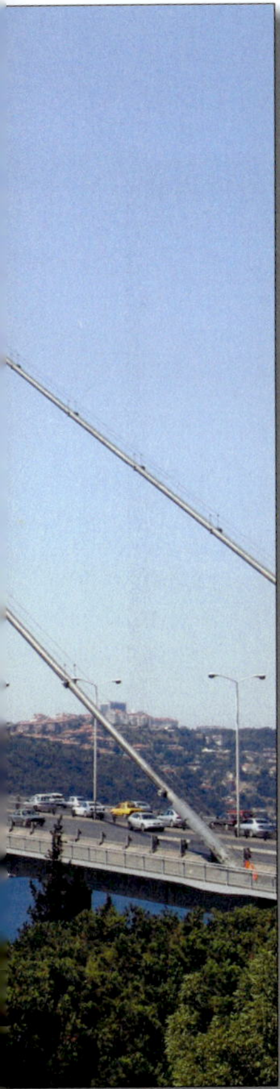

Dieser Sprechführer ist gedacht für Leute, die nicht nur mit den Wellen des Touristenstromes auch mal in die Türkei gespült werden, sondern für die, denen Reisen soviel bedeutet wie: Neues sehen, kennenlernen und zu verstehen versuchen. Das geht natürlich nicht ohne ein Minimum an Arbeit und Vorbereitung.

Sprechen, kommunizieren mit Fremden - wer möchte das nicht? Und möglichst schnell natürlich. Bloß wie?

Man muss schon ein bisschen über den **Aufbau einer Sprache** wissen, damit das überhaupt geht - mit anderen Worten: Ohne Grammatik ist nicht gut sprechen - oder zumindest nicht sehr lange. Natürlich ist es nicht gerade sehr sinnvoll, sich zu Hause hinzusetzen und eine Regel nach der anderen auswendig zu lernen bis man sie alle aus dem „ff" kennt. Der einzige Effekt wäre, dass man dann überhaupt nichts mehr spontan sagen kann, weil man nur noch darauf achtet, mit den Regeln irgendwie klarzukommen. Was tun also?

Vorwort und Gebrauchsanweisung

Am besten blättert man das Heft erstmal von vorn bis hinten durch, damit man einen Überblick darüber bekommt, was einen erwartet. Dann versuche man, die einzelnen Kapitel nacheinander noch einmal intensiver durchzulesen. Falls es Ihnen beim Anblick der Grammatik schwarz vor den Augen werden sollte: Wenn es auch ziemlich willkürlich ist, würde ich trotzdem empfehlen, sich wenigstens bis zum Kapitel „Substantive, Artikel und Pronomen" durchzuarbeiten. Alles andere kann man später bei Bedarf noch nachholen.

Ich habe versucht, mich bei dem **Grammatikteil** auf die grundlegendsten Abschnitte zu beschränken – und das ist noch ganz schön viel. Aber es lohnt sich: Der Unterschied zu den sogenannten indoeuropäischen Sprachen ist zwar manchmal immens, dafür ist Türkisch eine der Sprachen, die am wenigsten Ausnahmen von ihren Regeln kennt.

Wenn man also dann ausreichend Grammatik getankt hat, kann man sich den thematischen Teilen zuwenden, die erstens möglichst typische und zweitens möglichst einfache Formulierungen enthalten, die man sicher öfter brauchen wird. Außerdem wird jeder Satz „interlinear" übersetzt, d. h. jeder einzelne Formbestandteil wird für sich übersetzt, was dann zwar im Deutschen den schönsten Sprachsalat gibt, dafür aber erkennen lässt, wie der Satz überhaupt zusammengesetzt ist und wie und wo man ein-

Seitenzahlen
Um Ihnen den Umgang mit den Zahlen zu erleichtern, wird auf jeder Seite die Seitenzahl auch in Türkisch angegeben!

zelne Teile ersetzen muss, um ihn abzuwandeln. Eine genaue Erklärung dieser Übersetzungsmethode findet sich im nächsten Kapitel.

Überhaupt ist das Prinzip dieser „Einführung" in die türkische Sprache, Ihnen eine Verständigungsmöglichkeit zu geben, und zwar nicht, indem fertige Sätze und Phrasen offeriert werden, die man zwar auswendig lernen, aber nicht in ihrem Aufbau nachvollziehen kann. Statt dessen soll man die Voraussetzungen dafür in die Hand bekommen, mit Hilfe der eigenen Phantasie eigene Sätze „bauen" zu können. Gleichzeitig soll aber die Möglichkeit vermittelt werden, auf diesem Grundstock aufzubauen – darum die vergleichsweise ausführliche Grammatik. Es soll zwar nicht in erster Linie um Korrektheit gehen – aber trotzdem soll nicht vorenthalten werden, was korrekt wäre. Missverstehen Sie also die Grammatik nicht als Gesetzbuch!

Auch beim **zweiten Teil,** der nach Situationen und Themen geordnet ist, wird man vergeblich nach Dingen suchen, an denen vielleicht ein Philologe seine Freude hätte. Auch hier geht es um Verständlichkeit, Angemessenheit und Einfachheit.

Natürlich wird man nicht gleich nach dem ersten Lesen alle Regeln und Formen anwenden können. Wahrscheinlich wird jeder, der nie vorher Türkisch gelernt hat, am Anfang allenfalls

Wortbrocken von sich geben. (Dabei hilft immerhin auch schon die Wortliste am Ende des Sprechführers.) Vielleicht lernen Sie auch die eine oder andere Frage oder Äußerung auswendig. (Aber vergessen Sie nicht, sich immer klar zu machen, wie sie aufgebaut ist!)

Dieses Heft ist gedacht als eine Art Handbuch: In erster Linie zum Nachschlagen und zur Unterstützung und Hilfe beim eigenständigen Lernen in der Praxis. Sprechen lernt man nun einmal nur beim Sprechen selbst, man muss einfach seine Hemmungen ignorieren und drauflos reden, egal ob falsch oder richtig. Mit Hilfe dieses Sprechführers können Sie sich das holen, was Ihnen ohne fremde Hilfe kaum klar werden kann.

Zwischendurch finden sich eine Reihe **praktischer Informationen,** Tipps und die wichtigsten Verhaltensregeln mit Informationen über kulturelle Gegebenheiten in der Türkei, damit man nicht gleich in jedes kulturelle bzw. religiöse Fettnäpfchen tritt! Dabei sollte man sich allerdings darüber im Klaren sein, das es weder „den Türken“ noch „die Türkei“ gibt. Vielmehr verbirgt sich hinter diesen Etiketten eine Vielfalt von verschiedenen, sich widersprechenden und kontrastierenden Kulturen, Völkern und Sitten, die sich nicht über einen Kamm scheren lassen und deren Zusammenleben in einem einzigen Staat konfliktreich, da in gewissem Grade erzwungen und von massiver Unterdrückung begleitet ist. Es ist wohl ziemlich unmöglich, dies alles hier darzustellen. Ich denke auch, dass es hier ja mehr um den ersten Zugang geht und darum, grobe Missverständnisse zu vermeiden und dadurch eigene Entdeckungen und eigene Erfahrungen möglich zu machen – hoffen wir das Beste!

Daniel Boiteau@Fotolia.com

Eingang zum Dolmabahçe Palast, Istanbul

Kauderwelsch-AusspracheTrainer

*Falls Sie sich die wichtigsten türkischen Sätze, die in diesem Buch vorkommen, einmal von einem Einheimischen gesprochen anhören möchten, kann Ihnen Ihre Buchhandlung den **AusspracheTrainer (Audio-CD)** zu diesem Buch besorgen. Sie bekommen ihn auch über unseren Internetshop **www.reise-know-how.de** Dort steht der **AusspracheTrainer** auch als **MP3-Download** zur Verfügung. Alle Sätze, die Sie auf dem **AusspracheTrainer** hören können, sind in diesem Buch mit einem 𝟗 gekennzeichnet.*

*Mehr über den **AusspracheTrainer** erfahren Sie auf Seite 174.*

Die Wort-für-Wort-Übersetzung

Diese Form der Übertragung, die Sie unter allen türkischen Sätzen finden, soll Ihnen helfen zu erkennen, wie jeder einzelne Satz aus den einzelnen Wörtern und den hinzukommenden grammatischen Elementen gebildet wird. Damit ist man in der Lage, einzelne Wörter auszutauschen oder grammatisch zu verändern (zum Beispiel eine andere Person einzusetzen).
Das Prinzip dieser Übertragungsart liegt im Wesentlichen darin, dass direkt unter jedem türkischen Wort die deutsche Entsprechung erscheint, unter jeder Nachsilbe ihre Übersetzung bzw. die grammatische Funktion, die sie erfüllt (zum Beispiel „Plural", „Dativ" usw.). Natürlich fällt die **Interlinear-Übersetzung** fast immer länger aus als der türkische Satz selbst. Um die dadurch entstehenden „Schwänze" nicht allzu lang werden zu lassen und um die Zuordnung zwischen türkischen Elementen und denen der Übertragung eindeutig zu kennzeichnen, braucht man einige Abkürzungen.

Beispiel:

Türk-üm	**Türk** = Türke/Türkin
Türke-bin=ich	**-üm** = ich bin
ich bin Türke	

-	Alle mit Bindestrich verbundenen Elemente bilden Bestandteile eines türkischen Wortes. Sie erscheinen in der Übertragung genau in derselben Reihenfolge wie im Türkischen.
=	Einige türkische Nachsilben vereinigen gewissermaßen zwei grammatische bzw. Bedeutungskomponenten in einer Form. In der Übertragung werden diese beiden im Türkischen verschmolzenen Komponenten durch „=“ miteinander verbunden.
(?)	grammatische Form für die Bildung von Fragesätzen
PL	Plural (Mehrzahl)
Inf.	Infinitiv (Grundform des Verbs)
BEFEHL	Befehlsform (Imperativ)
WUNSCH	Wunschform (Optativ)

mattmatt73@Fotolia.com

Fischstand

Aussprache

Auch wenn sich das Türkische für deutsche Ohren erstmal sehr merkwürdig anhört – es ist doch ziemlich einfach, türkische Worte einigermaßen richtig, d. h. verständlich auszusprechen: Erstens haben wir im Deutschen teils ganz ähnliche Laute (die feineren Unterschiede bekommt man schon mit, wenn man gut hinhört). Und zweitens wird alles gesprochen „wie es geschrieben wird". Nur an ein paar neue Buchstaben muss man sich gewöhnen und daran, dass einige nicht wie im Deutschen ausgesprochen werden. In der folgenden Liste findet man alle diejenigen Buchstaben aufgeführt, für die das zutrifft. Bei allen anderen orientiert man sich an der deutschen Aussprache.

Abweichungen vom Deutschen

ä, q, ß, w, x	kommen als Buchstaben im türk. Alphabet nicht vor
ç, ğ, ş, ı	gibt es nicht im deutschen Alphabet
c, e, h, j, s, v, y, r, z	haben eine andere Aussprache als im Deutschen

Betonung

Es gibt keine einheitliche Regel für die Betonung türkischer Wörter. Wichtig ist, dass es keinen so klaren Unterschied zwischen betonten und unbetonten Silben im Wort gibt. Je nach Stellung im Satz kann dann mal die eine, mal die andere Silbe als betonter erscheinen. In grammatisch nicht abgewandelten Wörtern liegt eine etwas stärkere Betonung entweder auf der letzten oder auf der vorletzten Silbe. Grammatische „Nachsilben“ werden meist betont, allerdings wird die Sache komplizierter, wenn mehrere „Nachsilben“ hintereinander stehen: Bei den Verben haben meist diejenigen Nachsilben einen leichten Akzent, die die Zeitform ausdrücken, nicht die Personal-„Nachsilben“. Wie gesagt kann sich dies im Satzzusammenhang aber auch noch ändern. Hier heißt es: genau hinhören - mit der Zeit wird man intuitiv die richtigen Muster erkennen und übernehmen.

Alle Ausspracheregeln gelten strenggenommen nur für diejenigen Worte, die nicht arabischen oder persischen Ursprungs sind (was man ihnen leider nicht ohne weiteres ansieht). Wenn man jedoch vom Hören und Sprechen lernt, wird man die Abweichungen ganz automatisch mitbekommen.

Aussprache

c	**cacık** Zaziki	stimmhaftes „dsch“ wie in „**Dsch**ungel“oder engl. „Jim“
ç	**çok** viel, sehr	wie „tsch“ in „**Tsch**üß“
e	**gel** komm	wie das erste „e“ in „**e**ssen“ (nicht wie in „g**e**hen“!)
ğ	**sağ ol** danke	nach **a, ı, o, u** nur als Verlängerung des Vokals hörbar
	değil nicht	nach **e, i, ö, ü** wie ein schwaches deutsches „j“ (de**j**il)
h	**postahane** Postamt	zwischen zwei Vokalen wie deutsches „h“
	Salih (Name)	vor Konsonanten und am Wortende wie „ch“, aber meist etwas weicher (sali**ch**)
	tahta Tafel	(ta**ch**ta)
ı	**anlamadım** ich habe nicht verstanden	(ohne i- Punkt!) ein sehr dumpfes „i“ wie in **i**ch“, fast wie das „e“ in „all**e**“
j	**jambon** Schinken	wie „j“ in **J**ournal oder wie das zweite „g“ in „Gara**g**e“
r	**Ankara**	sehr weiches Zungenspitzen „r“
s	**sen** du	stimmloses (scharfes) „s“ wie in „Ku**ss**“
ş	**şimdi** jetzt	wie „sch“
v	**hava** Wetter **kavga** Streit	wie deutsches „w“ – Ausnahme: die Verbindung **av** vor Konsonanten wird ungefähr wie das deutsche „au“ gesprochen
y	**yarın** morgen	wie deutsches „j“ in „**j**a“
z	**zaman** Zeit	stimmhaftes (weiches) „s“ wie in „**S**aft“

Türkisch – die Bandwurmsprache

Im Türkischen kann man sehr viele Informationen über Inhalt und Grammatik in einem einzigen Wort unterbringen: Neben den normalen Wortstämmen gibt es eine Unmenge von „Nachsilben", die alle eine ganz bestimmte Information oder Bedeutung tragen. (Genaugenommen sind es eigentlich keine echten Nach-„Silben“: Oft sind es auch zwei Silben, die zu solch einem „Anhängsel“ gehören.) Sehen wir uns gleich ein Beispiel an:

gel-e-me-y-ecek-se-m
kommen-können-nicht-Zukunft-wenn-ich
Wenn ich nicht kommen kann.

(Das **y** hat keine Bedeutung, es wird nur eingeschoben, um zwei Vokale zu trennen.)

Viele Informationen, die also im Deutschen durch eigene Wörter ausgedrückt werden, sind im Türkischen in einem einzigen Wort untergebracht, eben in den angehängten Nachsilben. Diese können allerdings immer nur in ganz bestimmter Reihenfolge aneinandergereiht werden! Wie dem auch sei, auf diese Weise kommt das Türkische im ganzen oft mit sehr viel weniger Wörtern aus, dafür sind es dann aber auch oft die reinsten Bandwürmer.

Der Vorteil dieses Prinzips besteht natürlich darin, dass man, wenn man die Nachsilben kennt und weiß, in welcher Reihenfolge sie stehen dürfen, nach Lust und Laune neue Konstruktionen bilden kann, und meistens – hat man einmal die Logik dieses Systems durchschaut – keine allzu groben Fehler mehr machen kann. Außerdem lassen sich die einzelnen Formen sehr gut analysieren und in ihre Einzelbestandteile zerlegen, um sich so ihre Bedeutung klarzumachen – vorausgesetzt, man bekommt überhaupt so schnell alles mit.

Das ist nämlich nun das große Problem bei der Sache: Durch das „Nachsilben"-Anhängesystem sind die einzelnen Informationen so komprimiert, dass wir, die wir an den etwas weitschweifigeren Aufbau des Deutschen gewöhnt sind, gar nicht so schnell alles mitbekommen und verarbeiten können. Man wird wahrscheinlich erleben, dass man sehr wohl bald eine ganze Menge Wörter versteht – und man hört vielleicht sehr gut heraus, worüber gesprochen wird. Trotzdem wird man große Schwierigkeiten haben, herauszubekommen, was denn nun eigentlich genau gesagt wurde, weil man nicht gewohnt ist, auf die kleinen „Nachsilben" zu achten.

Natürlich wird man damit auch beim Sprechen seine Probleme haben – und sich sicher manchmal einige Knoten in die Zunge reden – aber keine Sorge, wenn man es immer wieder versucht, dauert es gar nicht so lange bis man Gehirn und Zunge soweit umtrainiert hat, dass es besser funktioniert.

Doch damit ist das Kapitel „Nachsilben" noch keineswegs abgetan: Was am Anfang wahrscheinlich am meisten irritieren wird, ist, dass sich die „Nachsilben" auch noch verändern – je nachdem wie das Wort aussieht, an das sie angehängt werden. Die wichtigste Regel für diese Veränderungen ist die sogenannte Vokalharmonie.

Vokalharmonie

Gleich ein Beispiel: Es gibt im Türkischen eine Nachsilbe, die soviel bedeutet wie „in". Sie wird immer an das Wort angehängt, auf das sie sich bezieht. Diese Nachsilbe heißt manchmal -da, manchmal aber auch -de. (Wird übrigens bei Ortsnamen durch einen Apostroph vom Wort getrennt.):

Ankara'da	in Ankara	**Izmir'de**	in Izmir
evde	im Haus		

Wann jeweils „**a**" bzw. „**e**" erscheinen, hängt davon ab, welcher Vokal in der Silbe davor erscheint.
Denn alle Vokale, die in einem türkischen Wort vorkommen, müssen zusammenpassen, miteinander „harmonieren". Damit das funktioniert, passt sich der Vokal jeder angehängten Silbe an den Vokal der letzten Silbe im Grundwort an.
Allerdings hat jede Nachsilbe nur eine begrenzte Anpassungsfähigkeit. Einige Nachsilben können (wie oben) nur zwischen den Vokalen **a** und

e wechseln, andere haben ein größeres Set zur Verfügung, nämlich die Vokale **i, ı, u** und **ü.** Wann wird nun welcher von diesen Vokalen gebraucht? Das hängt wie gesagt von dem Vokal der Vorgängersilbe ab, und zwar nach folgendem Schema:

1. „große“ Vokalharmonie (i/ ı/ u/ ü):			
nach	**i,e**	kommt	**i**
	ı,a		**ı**
	o,u		**u**
	ö,ü		**ü**

2. „kleine“ Vokalharmonie (e/a):			
nach	**i,e,ö,ü**	kommt	**e**
nach	**ı,a,o,u**	kommt	**a**

Lautanpassung

Neben der Vokalharmonie gibt es noch eine weitere Veränderungsregel für die Nachsilben: die sogenannte „Assimilation“ (Lautanpassung). Zum Beispiel:

ev-de	im Haus
kitap-ta	im Buch
şişe-de	in der Flasche
Edremit'te	in Edremit
	(Stadt in der Westtürkei)

Die Nachsilbe für „in“ wechselt also nicht nur ihre Vokale, sondern genauso den Anfangskonsonanten. Und zwar nach folgender Regel:

Nach Vokalen und stimmhaften
Konsonanten steht **d**
nach stimmlosen Konsonanten steht **t**

Die Nachsilbe für „in" hat also im ganzen vier (!) Erscheinungsformen: **-de, -da, -te, -ta**

stimmhafte Konsonanten	**b c d g ğ j l m n r v y z**

stimmlose Konsonanten	**ç f h k p s ş t**

Außer den Nachsilben können auch die Endlaute der Stämme sich bei manchen Wörtern verändern (Auslautangleichung). So wird zum Beispiel aus dem Wort **kitap** (Buch) durch das Anhängen der „Nachsilbe" **-m** (mein) die Verbindung **kitabım** (mein Buch). Oder: Aus **kabak** (Kürbis) wird **kabağım** (mein Kürbis). Das passiert immer dann, wenn eine Nachsilbe mit einem Vokal beginnt. In so einem Fall wird der vorhergehende Konsonant in vielen Fällen „erweicht":

Wird an die folgenden Konsonanten eine mit einem Vokal beginnende Nachsilbe angehängt, verändern sie sich folgendermaßen (im Wörterverzeichnis sind alle Wörter gekennzeichnet, deren Endkonsonanten sich auf diese Weise verändern):

k wird zu **ğ**	**t** wird zu **d**
p wird zu **b**	**ç** wird zu **c**

Zugegeben, diese Regeln mögen jetzt ein wenig verwirrend wirken, man wird aber bald merken, dass sie sich beim Sprechen schnell einschleifen, weil sie letzten Endes nur Lautveränderungen darstellen, die sich aus den Gegebenheiten des Sprechapparates organisch ergeben und eigentlich die Aussprache der Wörter erleichtern.

Nach diesem etwas trockenen Einstieg (der allerdings notwendig ist, damit alles andere verständlich wird), nun zum Eigentlichen:

Kobby Dagan@Fotolia.com

Im Basar

Satzbau

Beginnen wir mit einem kleinen Dialog wie man ihn oft führen wird, wenn man irgendwo im Teehaus, auf der Straße oder sonstwo von einem Türken angesprochen wird:

siz nere-li-siniz?
Sie was?-aus-Sie
Woher kommen Sie?

Alman-ım
deutsch-ich
Ich komme aus Deutschland.

Alman mı-sınız? çok güzel
deutsch (?)-sind=Sie sehr schön
Sie sind Deutsche(r)? Wie schön.

sigara iç-iyor mu-sunuz?
Zigarette rauchen-Ggw. (?)-Sie
Rauchen Sie?

hayır, sağ ol, ben kullan-m-ıyor-um
nein, danke, ich benutzen-nicht-Ggw.-ich
Nein danke, ich bin Nichtraucher.

evli mi-siniz?
verheiratet (?)-Sie
Sind Sie verheiratet?

evet, evli-yim
ja, verheiratet-ich
Ja, ich bin verheiratet.

çocuk-lar-ınız var mı?
Kind-PL-Ihre gibt=es (?)
Haben Sie Kinder?

hayır, çocuğ-um yok
nein, Kind-mein es=gibt=nicht
Nein, ich habe kein Kind.

Türkiye'yi beğen-iyor mu-sunuz?
Türkei-AKK. mögen-Ggw. (?)-Sie
Gefällt Ihnen die Türkei?

tabii, Türkiye'yi çok beğen-iyor-um
natürlich Türkei-AKK. sehr mögen-Ggw.-ich
Natürlich, die Türkei gefällt mir sehr gut.

Ilhan Balta@Fotolia.com

In der Altstadt von Istanbul

Sieht man sich die einzelnen Sätze genauer an, erkennt man, dass es im Türkischen eigentlich drei verschiedene Grundmuster für die Bildung von Sätzen gibt:

Vorgangssätze

ben kullanmıyorum Ich rauche nicht.

Diese Sätze bestehen im Kern aus einem Verb (mit Ergänzungen wie Objekten usw.)

Zuordnungssätze

Almanım ich bin Deutsch

Die Struktur dieser Sätze ist:
X .... (ist) .....Y

Alle Sätze, die im Deutschen nach dem Muster „X ist Y" gebaut sind, ergeben also im Türkischen Zuordnungssätze. Nur dass eben das Hilfsverb „sein" fehlt.

Existenzsätze

çocuğum yok ich habe keine Kinder
wörtlich:
meine Kinder
existieren nicht

Diese Sätze bestehen aus einem der Existenzpartikel **var/yok** (es gibt / es gibt nicht) und einem substantivischen Ausdruck, der das bezeichnet, was es nun gibt bzw. nicht gibt.

Um solche Sätze nun selber bilden zu können, braucht man noch ein paar zusätzliche Informationen.

Zuordnungssätze

Nehmen wir an, man will folgende Sätze bilden:

Ich bin Deutscher.
Sie sind sehr nett.
Die Pfirsiche sind (zu) teuer.
Antalya ist sehr schön.
(Selbst wenn Ihnen Antalya nicht gefällt – es ist nun einmal der beliebteste türkische Badeort!)

Man sucht sich nun einfach die notwendigen Vokabeln zusammen. Hat man Sätze ohne Personalpronomen, ist es ganz einfach: man stellt einfach die beiden Begriffe hintereinander:

Pfirsich – **şeftali** teuer – **pahalı**

Also: **şeftali pahalı** – die Pfirsiche sind teuer. (Das Wort für Pfirsich braucht nicht in den Plural gesetzt zu werden, weil für den Türkischsprechenden in diesem Zusammenhang völlig uninteressant ist, ob es nun ein oder mehrere Pfirsiche sind: egal wieviel er kauft – teuer sind sie so oder so.)

Bei den Sätzen, die im Deutschen mit Personalpronomen (ich, du, sie, er, ...) gebildet werden, braucht man die entsprechenden Personal-Nachsilben. Diese werden dann an das andere Wort angehängt:

Vergessen Sie nicht, dass sich die Nachsilben verändern, je nachdem wie das Wort aussieht, an das sie angehängt werden!

deutsch = **alman** + Personal + Nachsilbe: **ım**
also: **almanım** = Ich bin Deutsche(r).

Personalpronomen

Übrigens gibt es natürlich auch richtige Personalpronomen, sie werden aber (wie in vielen anderen Sprachen auch) eigentlich nur benutzt, wenn es sonst Missverständnisse geben würde oder wenn man die betreffende Person besonders hervorheben möchte. Die Personal-Nachsilben kann man der folgenden Tabelle entnehmen (die Personalpronomen stehen gleich dabei). Das eingeklammerte **y** erscheint nur, wenn die Nachsilbe direkt an einen Vokal gehängt wird:

evli-y-im- ich bin verheiratet,
aber:
tok-um- ich bin satt

ich	**ben ...**	**-(y)im, -(y)ım, -(y)um, -(y)üm**
du	**sen ...**	**-sin, -sın, -sun, -sün**
er, sie, es	**o ...**	**(keine Nachsilbe)**
wir	**biz ...**	**-(y)iz, -(y)ız, -(y)uz, -(y)üz**
ihr, Sie	**siz ...**	**-(s)iniz, -(s)ınız, -(s)unuz, -(s)ünüz**
sie	**onlar ...**	**(-ler, -lar)**

Da, wo die Punkte stehen, fügt man also die Wörter ein, die man braucht.

Fragen

Die Fragen MIT Fragewörtern findet man in dem Kapitel „Fragen mit Fragewörtern". Die Fragen OHNE Fragewörter werden je nach Satzart etwas anders gebildet, darum ist es am besten, sie gleich hier mitzubehandeln. Also:

Während wir im Deutschen also einfach die Wortstellung verändern (manchmal sogar einfach nur die Betonung), müssen wir uns beim Türkischen daran gewöhnen, dass immer eine kleine Fragesilbe benutzt wird, die, je nachdem welches Wort davor steht, **mı, mi, mü** *oder* **mu** *lautet (s. „Vokalharmonie"). Diese Fragesilbe stellt man am besten immer ans Satzende.*

şeftali pahalı
Pfirsich teuer
Die Pfirsiche sind teuer.

şeftali pahalı mı?
Pfirsich teuer (?)
Sind die Pfirsiche teuer?

otel çok pis
Hotel sehr dreckig
Das Hotel ist sehr dreckig.

otel pis mi?
Hotel dreckig (?)
Ist das Hotel dreckig?

Nur in Sätzen, in denen Personal-Nachsilben vorkommen, wird die Fragesilbe zwischen die Personal-Nachsilbe und das Wort, an welchem die Personal-Nachsilbe „hängt", gestellt. (Dabei werden Fragesilbe und Personal-Nachsilbe in einem Wort geschrieben.)

evli mi-sin?
verheiratet (?)-bist=du
Bist du verheiratet?

öğrenci mi-siniz?
Student (?)-sind=Sie
Sind Sie Student(in)?

Deli mi-sin?
verrückt (?)-bist = du
Bist du verrückt?

Ben mi?
ich (?)
Ich?

Verneinung

Genauso wie die Fragen haben auch die Verneinungen je nach Satzart verschiedene Formen. Für Zuordnungssätze braucht man dabei das Wörtchen **değil** („nicht"), das direkt hinter das verneinte Wort gesetzt wird. Wenn der Satz eine Personal-„Nachsilbe" enthält, schiebt es sich – genau wie die Fragesilbe – zwischen das verneinte Wort und die Personal-„Nachsilbe":

evli mi-sin?
verheiratet (?)-du
Bist du verheiratet?

hayır, evli değil-im
nein, verheiratet nicht-ich
Nein, ich bin nicht verheiratet.

alman mı-sın?
deutsch (?)-du
Bist Du Deutsche(r)?

alman değil-im
deutsch nicht-ich
Ich bin kein(e) Deutsche(r).

Und zu guter Letzt lässt sich beides – Frage und Verneinung natürlich auch noch kombinieren, nämlich so:

bekar değil mi-siniz?
ledig nicht (?)-Sie
Sind Sie nicht ledig?

Bezugswort + **değil + mı/mi/mu/mü** + Personal-„Nachsilbe"

Existenzsätze

Wie man an dem folgenden Beispieldialog sehen kann, wird diese Satzart bei vielen Gelegenheiten (Einkaufen, Essengehen usw.) gute Dienste leisten können:

çay var mı? evet, var.
Tee es=gibt (?) ja, es=gibt
Haben Sie Tee? Ja, haben wir.

kahve de var mı?
Kaffee auch es=gibt (?)
Haben Sie auch Kaffee?

kahve mi? evet, kahve.
Kaffee (?) ja, Kaffee
Kaffee? Ja, Kaffee.

yok, arkadaş, kahve yok.
es=gibt=nicht, Freund, Kaffee es= gibt=nicht
Nein, Freund, Kaffee haben wir nicht.

Die Bildung solcher Sätze ist also nicht weiter schwierig: Im Grunde muss man sich nur die beiden Wörtchen **var** (es gibt) und **yok** (es gibt nicht) merken. Dann werden alle Sätze einfach nach dem folgenden Schema gebildet:

es gibt ...	= ... **var**
... gibt es nicht	= ... **yok**

Diese Wörtchen werden immer dann gebraucht, wenn es darum geht, ob etwas (meistens an einem bestimmten Ort) existiert oder nicht, also immer dann, wenn wir im Deutschen sagen würden: „Haben Sie ... da?", „Gibt es (hier) ... ?".

Sie werden nicht benutzt, wenn man einen ganz bestimmten Gegenstand oder eine ganz bestimmte Person meint, von der man weiß, dass er/sie existiert, nur nicht, wo er/sie sich gerade befindet:

Mehmet burada mı?
Mehmet hier (?)
Ist Mehmet hier?

şarap buz dolabı-nda
Wein Kühlschrank-in
Der Wein ist im Kühlschrank.

Aber:

buz dolabı-nda şarap var
Kühlschrank-in Wein es gibt
Im Kühlschrank ist Wein.

Fragen

Werden einfach gebildet, indem man hinter die Wörtchen **var/yok** die Fragesilbe **-mı, -mi, -mü, -mu** (als getrenntes Wort) setzt (s.o. den Beispieldialog).

Besitzanzeigende Fürwörter

Wie oben zu sehen, werden in Sätzen, die im Deutschen mit „haben" (= „besitzen", „dabeihaben") gebildet werden, im Türkischen die Wörter **var** und **yok** benutzt. In den Beispielen oben kommt allerdings nie der „Besitzer" selbst zum Ausdruck. Das ist auch nicht nötig, solange dieser eine Institution, ein Kollektiv, jedenfalls also kein direkt und persönlich Angesprochener und Gemeinter ist (wie eben zum Beispiel in Geschäften, Restaurants usw.).

Im persönlichen Gespräch sieht es allerdings anders aus, abgesehen von den Fällen, in denen ohne die ausdrückliche Nennung des Besitzers der Sinn einer Aussage gar nicht klar wird. Für diese Fälle gebraucht man im Türkischen besondere besitzanzeigende „Nachsilben". (Achtung: Sie sehen den Personal-„Nachsilben" verdächtig ähnlich, haben aber eine ganz andere Funktion!).

çocuk-lar-ınız var mı?	**çocuğ-um yok**
Kind-(PL.)-Ihre es=gibt (?)	*Kind-mein es=gibt=nicht*
Haben Sie Kinder?	Ich habe kein Kind (keine Kinder).

Die besitzanzeigenden „Nachsilben" werden also direkt an das Wort angehängt, welches den besessenen Gegenstand bezeichnet:

Ihre Kinder	= **çocuk-lar-ınız**
mein Auto	= **araba-m**
dein Haus	= **ev-in**

Die Nachsilben lauten so:

mein	= **-(ı)m, -(i)m, -(ü)m, -(u)m**
dein	= **-(ı)n, -(i)n, -(ü)n, -(u)n**
ihr/sein	= **-(s)ı(n), -(s)i(n), -(s)ü(n), -(s)u(n)**
unser	= **-(ı)mız, -(i)miz, -(ü)müz, -(u)muz**
Ihr/euer	= **-(ı)nız, -(i)niz, -(ü)nüz, -(u)nuz**
ihr	= **-leri, -lar**
	(in vielen Fällen wird hier auch einfach die 3.Pers. Sg. gebraucht (ihr/sein).

Zusätzlich zu diesen besitzanzeigenden „Nachsilben“ gibt es übrigens auch ganz normale besitzanzeigende Pronomen, wie wir sie kennen. Sie stehen wie im Deutschen vor dem Bezugswort. Genau wie die Personalpronomen werden sie im Allgemeinen nur dann benutzt, wenn man ihre Bedeutung besonders hervorheben will. Man kann sie jedoch auch statt der besitzanzeigenden Nachsilben gebrauchen, das ist in der türkischen Umgangssprache durchaus manchmal üblich - jedenfalls wird man ohne weiteres verstanden und es ist leichter, sich die Pronomen zu merken - und vor allem: sie anzuwenden.

ich	**ben**	mein	**benim**
du	**sen**	dein	**senin**
sie/er	**o**	sein/ihr	**onun**
wir	**biz**	unser	**bizim**
Ihr/Sie	**siz**	euer	**sizin**
sie	**onlar**	ihr	**onların**

Natürlich lässt sich der Besitzer nicht immer durch ein Personalpronomen (bzw. die entsprechende Nachsilbe) ausdrücken. So zum Beispiel in den Ausdrücken: „Mustafas Tochter", „Vaters Pferd" „das Haus der **Güneş**'" (= Familienname). Dazu muss man die Genitivbildung kennen, die man in dem Kapitel „Substantive, Artikel, Pronomen" findet.

Vorgangssätze

Die einfachste Form eines Vorgangssatzes besteht aus einem einzigen Wort, nämlich einem Verb:

gid-iyor-um
gehen-Ggw.-ich
Ich gehe.

gel-iyor-sunuz
kommen-Ggw.-ihr/Sie
Ihr kommt/Sie kommen.

anla-m-ıyor-um
verstehen-nicht-Ggw.-ich
Ich verstehe nicht.

So ein Satz besteht also aus der Grundform des Verbs (**gid-, gel-, anla-**), einer „Nachsilbe", die die Zeit anzeigt (**-iyor/-ıyor/-uyor/-üyor/** Gegenwart -Ggw.-) und einer Personal-„Nachsilbe".
Diese Personal-„Nachsilbe" ist für die **iyor**-Gegenwartsform identisch mit der Personal-„Nachsilbe", die Sie schon bei den Zuordnungssätzen kennengelernt haben.

Im Wörterbuch findet man allerdings nie die Grundform der Verben, sondern die Infinitivform, die sich aus der Grundform und der Infinitiv-Nachsilbe **-mek, -mak** zusammensetzt:

git-mek: git-(+ iyor) **= gid-iyor**
(+ Pers.-Nachs. **„-um")** **= gid-iyor-um**

Wenn eine Grundform mit einem Vokal aufhört, wird dieser beim Anhängen von **-iyor / -ıyor /-uyor /-üyor** weggelassen:

anlamak	**anla-**	**anla+ıyor= anlıyor**

Die Personal-„Nachsilben" finden sich oben im Abschnitt „Zuordnungssätze". Ebenso wie dort kann man auch hier zur besonderen Hervorhebung die Personalpronomen vor das Verb stellen:

(ben) kalkıyorum	ich stehe auf

Fragen

Werden ganz ähnlich gebildet wie in Zuordnungssätzen: vor die Personal-„Nachsilbe" wird die Fragesilbe **-mi, -mı, -mu, -mü** eingefügt:

anlamak	
anla-	**= anl-ıyor mu-sun**
anla+ıyor = anlıyor	*verstehen-Ggw. (?)-du*
anlıyor-sun(+-mu)	Verstehst du ?

Verneinung

Achtung – jetzt wird es kompliziert: Auch für die Verneinung gibt es eine spezielle Silbe, die in die Verbform eingefügt wird. Unglücklicherweise sieht sie der Fragesilbe ungemein ähnlich. Sie lautet: **-me, -ma,** d. h. sie unterscheidet sich von der Fragesilbe nur dadurch, dass sie statt der je nach Wort wechselnden Vokale **i,ı,u,ü** die Vokale der anderen Reihe, nämlich **e,a** enthält (s. Vokalharmonie).

Sie wird allerdings auch an einer anderen Stelle der Verbform eingesetzt, nämlich direkt nach der Grundform des Verbs. Da nun aber in den Formen der **iyor/ıyor/...**-Gegenwart direkt auf die Verneinungssilbe der Vokal der Gegenwartssilbe folgt, nämlich **i** bzw. **ı**, fällt der Vokal der Verneinungssilbe weg:

gelmek: gel-
gel-me-
gel-me- + iyor = gel-m-iyor

gel-m-iyor-um
kommen-nicht-Ggw.-ich
Ich komme nicht.

Wer jetzt noch nicht genug von dem Silbensalat hat, der möge sich darin versuchen, die verneinte Frage zu bilden - hier ist sie:

gel-m-iyor musun?
kommen-nicht-Ggw. (?)-du
Kommst du nicht?

Wenn Sie bis hierher gekommen sind und im Großen und Ganzen auch alles behalten bzw. sich eingeprägt haben, sind Sie schon mal in der Lage, sich in vielen Situationen mit diesem Wissen auf ganz provisorische Weise weiterzuhelfen, wenn Sie sich das notwendige Vokabular aus dem Wörterbuch zusammensuchen. Trotzdem würden Sie sehr schnell merken, dass die Ausdrucksmöglichkeiten, die Sie sich mit der Kenntnis dieser elementaren Regeln verschafft haben, ziemlich beschränkt sind. Also - auf zu neuen Ufern, und zwar mit ...

Übrigens:
Es gibt noch eine andere Gegenwartsform, das r-Präsens. Man braucht sie allerdings zumindest am Anfang nicht, weil man sie ohne weiteres durch die **iyor/ ıyor-** *Form ersetzen kann (obwohl sie sich in der Bedeutung ein wenig unterscheiden – aber das sind Feinheiten für sprachliche Feinschmecker).*
Da sie aber etwa ebenso häufig vorkommt wie die **iyor/***-Gegenwart, sind die Formen hinten im Anhang als Tabelle aufgeführt.*

Hauptwörter, Artikel, Pronomen

Zunächst mal eine erleichternde Botschaft: Im Türkischen gibt es keinen Artikel – oder beinahe keinen. Dadurch hat ein Substantiv im Grunde vier Bedeutungen (denn häufig wird auch noch die Pluralendung weggelassen).

kitap =
1. das Buch
2. ein Buch
3. die Bücher
4. Bücher

Natürlich ist es manchmal schon notwendig, die Unterscheidungen zwischen diesen Bedeutungsarten auszudrücken. Und das geschieht so:

der, die, das

Diese bestimmten Artikel lassen sich nicht direkt wiedergeben. In vielen Fällen kann man aber ausweichen auf die „hinweisenden Pronomen" (dt.: dieser, jener). Die werden denn auch im Türkischen sehr viel häufiger gebraucht als im Deutschen. Es gibt auch mehr davon, nämlich:

bu	diese (- r, - s) (hier)
şu	diese (- r, -s) (da), der, die, das (hier)
o	jene (- r, -s), der, die, das (da)

Der Unterschied zwischen ihnen ist, dass sie eine von **bu** über **şu** nach **o** wachsende Distanz zwischen dem Sprechenden und dem bezeichneten Gegenstand ausdrücken. Das muss keineswegs eine räumliche Distanz sein: Sie können auch vorstellungsmäßige oder emotionale Nähe bzw. Entfernung meinen.

Übrigens können diese Pronomen entweder selbstständig (als Ersatz für Substantive) stehen oder eben als Zusatz (zur Bestimmung von Substantiven).

bu kitap	dieses Buch
o adam	jener Mann

aber:

o çok güzel
das sehr schön
Das (der, die) ist sehr schön.

şu araba benim
das=hier Auto meins
Das (hier) ist mein Auto.

ein, eine

Den unbestimmten Artikel kann man ähnlich wie im Deutschen durch das Zahlwort **bir** (ein, eine) umschreiben:

bir kadın	eine Frau
bir gazete	eine Zeitung

bu bir cami
dies ein(e) Moschee
Dies ist eine Moschee.

bir wird – wiederum ähnlich wie im Deutschen – auch für die Bildung einer ganzen Reihe von unbestimmten Pronomen und Adverbien gebraucht:

biraz	etwas, ein wenig	(**az** – wenig)
bir şey	(irgend) etwas	(**şey** – Sache, Ding)
bir zaman	(irgendwann) einmal	(**zaman** – Zeit)
bir gün	eines Tages	(**gün** – Tag)
bir kimse	(irgend) jemand	(**kimse** – jemand)

Plural

Die Mehrzahl kann durch die Nachsilbe **-ler, -lar** ausgedrückt werden. Das ist allerdings nicht immer notwendig.

Die Fälle

Substantive verändern je nach ihrer Stellung bzw. Funktion im Satz ihre Form. Dadurch entstehen die verschiedenen Deklinationsformen (Fälle). Im Türkischen gibt es davon die folgenden:

Akkusativ *(Akk.) (Objektform)*	**-(y)i /-(y)ı /-(y)u /-(y)ü**
Dativ *(Dat.) (Richtungsform)*	**-(y)e/-(y)a**
Ablativ *(Herkunftsform)*	**-den/-dan/-ten/-tan**
Lokativ *(Ortsform)*	**-de/-da/-te/-ta**
Zugehörigkeitsform	s. besitzanzeigende Fürwörter
Genitiv *(Gen.) (Besitzerform)*	**-(n)in /-(n)ın /(n)un /-(n)ün**

(Die eingeklammerten Laute erscheinen nur dann, wenn das voraufgehende Wort mit einem Vokal endet.)

Akkusativ

Man benutzt die Akkusativ-Silbe nur dann, wenn das Substantiv einen oder mehrere bestimmte Gegenstände bezeichnet, also immer, wenn im Deutschen der bestimmte Artikel („der, die, das“) steht (bzw. ein Zahlwort/Pronomen, das den bestimmten Artikel ersetzt).

gazete ok-uyor-um
Zeitung lesen-Ggw.-ich
Ich lese Zeitung.

Aber: **gazete-yi ok-uyor-um**
Zeitung-Akk. lesen-Ggw.-ich
Ich lese die Zeitung.

Dativ

Nicht in allen Zusammenhängen lässt sich noch die Bedeutung des Dativs (Richtung: „nach“, „zu ... hin“, „in ... hinein“ usw.) erkennen.

ev-e	nach Hause
Ankara'ya	nach Ankara
Ali'ye	zu Ali
masa-ya	auf den Tisch

Ablativ

istanbul'dan	aus Istanbul
evden	von zuhause
Kars'tan	aus Kars
Mehmet'ten	von Mehmet

Diese Nachsilbe hat manchmal auch kausale Bedeutung:

gez-mek-ten yorgun-um
herumlaufen-Infinitiv-Abl. müde-bin=ich
Ich bin müde vom Rumlaufen.

Ortsform

Ersetzt gewissermaßen die Präpositionen „in“ und „bei“:

ev-de	zu Hause
istasyonda	auf dem Bahnhof
bahçede	im Garten
Mustafa’da	bei Mustafa

Genitiv

Dient wie im Deutschen der Kennzeichnung von Zugehörigkeit und Besitz. (Wobei wir im Deutschen allerdings den Genitiv meist mit Ausdrücken ersetzen, die mit „von“ gebildet werden („der Vater von Soundso“.)

Allerdings kommt im Türkischen eine erhebliche Komplikation hinzu: Während der Besitzer im Genitiv erscheint, muss nämlich gleichzeitig der besessene (oder zugehörige) Gegenstand mit der besitzanzeigenden Nachsilbe **-(s)i, -(s)ı, -(s)u, -(s)ü** versehen werden:

Ali’nin araba-sı *
Ali-Gen. Auto-sein
Ali’s Auto

Noch zwei wichtige Ausnahmen bei der Bildung der Zugehörigkeitsformen:

su-yu	**cami-i**
Wasser-sein	*Moschee-sein*
...-Wasser	...-Moschee

** Man kann die Konstruktion ganz gut nachempfinden, wenn man sich daran erinnert, dass es in manchen deutschen Dialekten so etwas Ähnliches gibt. Haben Sie vielleicht schon mal gehört, wenn jemand sagt: „dem Hund sein Schwanz“? Na bitte! Nur nehmen die Türken statt des Dativs eben den Genitiv.*

Bevor Sie sich jetzt auf das nächste Kapitel stürzen können, müssen Sie noch eins wissen: Auch die Pronomen werden dekliniert (allerdings nur, wenn sie anstelle eines Substantives stehen).

Faustregel zur Bildung der Formen aus der Nominativform: Man hänge ein **-n-** an die Nominativform, anschließend setze man die normale Deklinationsendung.

hinweisende Pronomen

Nom.	**o**	**bu**	**şu**
Gen.	**onun**	**bunun**	**şunun**
Dat.	**ona**	**buna**	**şuna**
Akk.	**onu**	**bunu**	**şunu**
Abl.	**ondan**	**bundan**	**şundan**
Lok.	**onda**	**bunda**	**şunda**

Personalpronomen

Nom.	**ben**	**sen**	**o**	**biz**	**siz**	**onlar**
Gen.	**benim**	**senin**	**onun**	**bizim**	**sizin**	**onların**
Dat.	**bana**	**sana**	**ona**	**bize**	**size**	**onlara**
Akk.	**beni**	**seni**	**onu**	**bizi**	**sizi**	**onları**
Abl.	**benden**	**senden**	**ondan**	**bizden**	**sizden**	**onlardan**
Lok.	**bende**	**sende**	**onda**	**bizde**	**sizde**	**onlarda**

Adjektive (Eigenschaftswörter)

Adjektive werden nicht dekliniert. Sie können genauso wie im Deutschen gebraucht werden.

Türkiye güzel
Türkei schön
Die Türkei ist schön.

şehir pis
Stadt dreckig
Die Stadt ist schmutzig.

hava kötü, değil mi?
Wetter schlecht nicht (?)
Das Wetter ist schlecht, nicht wahr?

Adjektiv als Attribut

güzel Türkiye	die schöne Türkei
pis şehir	die schmutzige Stadt
kötü hava	das schlechte Wetter

In beiden Fällen ist die Reihenfolge dieselbe wie im Deutschen, so dass die Unterscheidung sicherlich keine großen Schwierigkeiten bereiten wird.

Der einzige Unterschied zum Deutschen besteht in der Stellung des unbestimmten Artikels (**bir** = eine,-r,-s). Der steht nämlich **nach** dem Adjektiv, also zwischen Adjektiv und Substantiv:

Istanbul pis bir şehir
Istanbul schmutzig eine Stadt
Istanbul ist eine schmutzige Stadt.

aptal bir adam	**iyi bir insan**
dumm ein Mann	*gut ein Mensch*
Ein Dummkopf.	Ein guter Mensch.

Aber: Wenn **bir** als richtiges Zahlwort gebraucht wird, steht es wie alle anderen Zahlwörter vor dem Adjektiv:

bir (tane) soğuk bira, lütfen!
ein (Stück) kalt Bier bitte
Ein kaltes Bier, bitte!

Steigerung

Es gibt im Türkischen keine Steigerungsform der Adjektive, d. h. das Adjektiv wird nicht -wie im Deutschen- verändert. Statt dessen werden einfach die Worte **daha** (mehr) und **en** (am meisten) davor gesetzt:

güzel	schön
daha güzel	schöner
en güzel	am schönsten, der/die/das schönste

Fragewörter

Sie haben schon eine Möglichkeit, Fragen zu bilden, kennengelernt:

yemek yap-ıyor mu-sun?
Essen machen-Ggw. (?)-du
Machst du Essen?

Diese Art von Fragen, die mit der Fragesilbe **-mi, -mı, -mü, -mu** gebildet werden, kann man normalerweise nur mit „ja“ oder „nein“ beantworten. Was passiert nun, wenn man mehr wissen will? Zum Beispiel:

yemek için ne yap-ıyor-sun?
Essen für was? machen-Ggw.-du
Was machst du zu essen?

Man braucht also Fragewörter (wie? wer? was? wo? usw.). Und dazu gibt es dann eigentlich auch nichts weiter zu erklären – außer, dass die Fragewörter meistens direkt vor dem Verb stehen (das ist nämlich im türkischen Satz die wichtigste Stelle, so wie bei uns meist das erste Wort im Satz). Wenn kein Verb vorkommt – wie in Zuordnungssätzen – steht das Fragewort ganz am Satzende.

ne yap-ıyor-sun?
was machen-Ggw.-du
Was machst du?

nereye gid-iyor-sun?
wohin gehen-Ggw.-du
Wohin gehst du?

kim o?
wer der/die/das
Wer ist das?

ne var?
was es=gibt
Was gibt es? Was ist?

nasıl-sınız?
wie-Sie=sind
Wie geht es Ihnen?

pazar nerede?
Basar wo?
Wo ist der Basar?

Wie Sie sicher schon festgestellt haben, ist eines der wichtigsten Fragewörter das Wörtchen **ne** (was?), aus dem dann viele andere Fragewörter abgeleitet werden – und zwar durch eine eingeschobene Silbe **-re-** (die eigentlich keine übersetzbare Bedeutung hat) und eine angehängte Deklinationsendung wie **-de** (in), **-den** (aus ... her) und **-(y)e** (in ... hinein, nach). Auf diese Weise haben wir schon drei Fragewörter:

ne-re-de	wo?
ne-re-ye	wohin?
ne-re-den	woher?

Wird das Fragewort nicht durch die Silbe **-re-** verlängert, bekommt das Fragewort eine mehr übertragene Bedeutung:

ne-den	warum?
ni-ye	weshalb, wieso?
niçin	warum, wozu?
ne için	wofür, für was?
nasıl	wie
nasıl bir	was für ein ...?
neyle	womit?
ne kadar	wieviel? wie teuer ?

Andere Fragewörter werden von **kim** (wer?) abgeleitet:

kim	wer? (nur für Personen!)
kimin	wessen? (Gen.)
kime	wem, für wen, zu wem ? (Dat.)
kimi	wen? (Akk.)
kimin için	für wen?
kimde	bei wem?
kimden	von wem?

Weitere Fragewörter:

kaç kişi	wieviele ? (Personen)
kaça	wie teuer?
hangi	welche(- r, - s)?
efendim	wie bitte?

tane *heißt „Stück" und wird immer bei Mengenangaben gebraucht, siehe „Zahlen", Seite 61*

kaç (tane) wieviel(e) (Dinge)?

ne zaman-dan beri?
was Zeit-von seit
Seit wann?

(zaman = Zeit)
Seit wie lange?

Und denken Sie daran:
Wenn ein Fragewort vorkommt, wird die Fragesilbe **-mi, -mı, -mu, -mü** *NICHT gebraucht!*

Aviator70@Fotolia.com

Straßenschilder in Istanbul

Wünsche, Aufforderungen

Ein brenzliges Kapitel im Bereich interkultureller Kontakte: Denn unter anderem sind sie Ausdruck von Bedürfnissen. Diese wiederum sind nicht – wie wir es oft in unserer naiven Befangenheit im individualistischen Denken des europäischen Westens unterstellen – subjektive, individuelle Gegebenheiten, sondern sie sind zum größten Teil Produkte einer bestimmten soziokulturellen Organisation des gemeinsamen Lebens. Deswegen kann man nicht davon ausgehen, dass es selbstverständlich ist, bestimmte Bedürfnisse als Individuum zu haben – vielmehr würde dieser Gedanke, sofern er überhaupt von Menschen aus anderen kulturellen Welten verstanden werden kann, denselben auch völlig absurd und abwegig erscheinen. Darüber hinaus sind bestimmte, selbst elementare Bedürfnisse, die es in jeder Kultur gibt (Sexualität und ihre Symbole!), oft weitgehend tabuisiert – zumindest würde es Anstoß erregen, sich über sie – womöglich noch in größerem Kreise – zu äußern.

Natürlich kann man nicht in allen Einzelheiten wissen, wie die entsprechenden „Bräuche" in einem Land sind, das man gerade bereist – der Zweck der Reise besteht ja auch gerade darin, fremde Kulturen erst kennen zu lernen. Und der Reihe nach halbwegs vollständig auflisten lassen sie sich schon gar nicht. Man sollte sich vor allem dieser Tatsache bewusst sein und entsprechend vorsichtig auftreten.

Besonders wenn man eingeladen wird, ist Zurückhaltung mit eigenen Wünschen geboten: Das Gesetz der Gastfreundschaft verlangt von einem Türken sowieso schon, dass er alles gibt, was er geben kann. Wenn man ständig noch mit eigenen Wünschen kommt – muss er das Gefühl bekommen, Sie nicht zufriedenzustellen und womöglich kann er Ihre Wünsche (beispielsweise nach Wasser zum Waschen, das er selbst nicht hat und vielleicht erst mühsam beschaffen muss) nur schwer erfüllen. Doch nun zum sprachlichen Teil:

Folgende Formen braucht man, um Wünsche und Aufforderungen auszudrücken:

1. Befehlsform
2. Wunschform
3. das Verb **istemek** = wollen
4. die kann-Form (s. das Kapitel „können")

Befehlsform (Imperativ)

Während wir im Deutschen nur zwei Befehlsformen kennen („nimm" -Einzahl-, „nehmt" -Mehrzahl-), gibt es im Türkischen ganze fünf!

al-mak	nehmen
al	nimm
al-ın	nehmt, nehmen Sie

al-ınız	nehmt, nehmen Sie
al-sana	nimm (doch)
al-sanıza	nehmt (doch), nehmen Sie (doch)

Da die Bedeutungsnuancen, die zwischen den Formen mit ungefähr gleicher Bedeutung bestehen, kaum nachzuvollziehen sind, merkt man sich am besten die erste und die dritte Form - sie sind die, die am meisten gebraucht werden. Wie Sie inzwischen sicherlich aus dem Beispiel selbst ableiten können, heißen die Nachsilben für die Befehlsform, die direkt an den Wortstamm angehängt werden:

Einzahl (informell):
keine Nachsilbe
(es bleibt also nur der Verbstamm)

Mehrzahl (und formelle Einzahl):
-(y)iniz, -(y)ınız, -(y)unuz, -(y)ünüz

(„Informell" sind die Formen, die im Deutschen mit „Du" übersetzt werden, „formell" die „Sie"-Formen. Der Unterschied wird in der Türkei ähnlich gehandhabt wie bei uns - auf dem Land und bei der einfachen Stadtbevölkerung wird fast nur geduzt.)

Noch ein paar Beispiele:

gel	komm
it-iniz	drücken Sie (Aufschrift auf Klapptüren)

bitte

hat im Deutschen mehrere Funktionen:

1. Zusatz zur Äußerung einer Bitte, eines Wunsches etc.
   „Könnten Sie bitte...“, „Bitte Anschnallen“ usw.

2. Im Sinne von „wie bitte?“:
   „Bitte? Was haben Sie gesagt?“

3. Als einladende Geste, oft in Form einer zustimmenden Antwort auf eine Bitte oder einen Wunsch:
   „Darf ich mal ...?“ „Bitte sehr!“

4. Als Antwort auf „danke“, bzw. begleitend zur Erfüllung einer Bitte.

Im Türkischen gibt es kein einheitliches Wort für diese verschiedenen Funktionen. Eindeutige Übersetzungen gibt es im Grunde nur für die ersten beiden Bedeutungen:

„bitte“ = **lütfen** *steht immer am Anfang oder am Ende des Satzes.*

1. **lütfen, sigara iç-me-yiniz**
   bitte Zigarette rauchen-nicht-Befehl=Sie
   bitte nicht rauchen
2. **efendim?** – wie bitte?
3. **tabii** – natürlich, selbstverständlich
4. **buyurun** – bitte
   bir şey değil – keine Ursache, bitte sehr
   ein(e) Sache nicht

Natürlich ist es in vielen Fällen höflicher, die Befehlsform zu vermeiden: Man kann ebensogut die „kann“-Form benutzen, um Wünsche und Befehle höflich zu umschreiben. Man findet sie in einem der nächsten Kapitel („können“).

Wunschform (sollen)

Die Befehlsform richtet immer Wünsche oder Aufforderungen direkt an den Gesprächspartner, der sie dann erfüllt oder eben nicht. Beziehen sich aber die Wünsche nicht direkt auf die Gesprächspartner, sondern auf irgendwelche Dritten bzw. auf den Sprecher selbst, so benutzt man die Wunschform:

gid-eyim	ich will/werde dann mal gehen
kalk-ayım	ich will dann mal aufstehen/ aufbrechen
konuş-sun	er soll sprechen, lass(t) ihn ...
kal-sın	er soll bleiben, lass(t) ihn ....
gid-elim	wir wollen gehen, lass(t) uns gehen

Die Nachsilben lauten also:

ich will/lass(t) mich	**-eyim/-ayım**
er soll/lass(t) ihn sie soll/lass(t) sie es soll/lass(t) es	**-sin/-sın/-sun/-sün**

wir wollen/lass(t) uns	**-elim/-alım**
sie sollen /lass(t) sie	**-sin(ler)/-sın(lar) /-sun(lar)/-sün(ler)**

olsun so sei es, so soll es sein (o.k.)

geçmiş olsun es soll vergangen sein = Alles Gute, gute Besserung (sagt man, wenn jemand krank geworden ist oder ihm ein Unglück zugestoßen ist)

„wollen"

heißt auf Türkisch: **istemek.** Es deckt gleichzeitig das etwas moderatere Wort „möchte" ab, lässt sich also ziemlich universal verwenden.

Ankara'ya git-mek ist-iyor-um
Ankara-nach gehen-Inf. wollen-Ggw.-ich
Ich möchte nach Ankara fahren.

iki tane elma ist-iyor-um
zwei (Stück) Apfel wollen-Ggw.-ich
Ich möchte zwei Äpfel haben.

Vergangenheit

Die Vergangenheit kann man in vielen Fällen durch die Gegenwartsform mit einer eindeutigen Zeitangabe ersetzen. Darum werde ich sie nicht ausführlich beschreiben. Wen sie trotzdem interessiert, der findet die Konjugationsformen in einer Tabelle im Anhang.

„können“

Dieses vielgebrauchte Wort gibt es im Türkischen nicht. Was nun? Sehen wir uns die Sache genauer an und beginnen wir wie immer mit einem Beispiel:

bunu yaz-abilir mi-siniz?
das schreiben-können (?)-Sie
Können Sie das (auf)schreiben?

Auch hier hilft also wieder mal eine Nachsilbe:

-(y)abil-, -(y)ebil- können

Jetzt braucht man nur noch die Personal-Nachsilben der Gegenwartsform (s. Tabelle im Anhang) dranzuhängen und fertig ist die ganze Form.

„kann sein“ ist ein Ausdruck, den manche bestimmt dreißigmal am Tag gebrauchen. Auf gut Türkisch:

olabilir	**bu da olabilir**
kann sein	das könnte auch sein, das geht auch

„müssen"

git-meli-yim
gehen-müssen-ich
Ich muss gehen.

tren hemen hareket et-meli
Zug sofort Abfahrt machen-müssen = er
Der Zug müsste sofort abfahren.

yarın çok erken kalk-malı-yız
morgen sehr früh aufstehen-müssen-wir
Wir müssen morgen sehr früh aufstehen.

cenk unver@Fotolia.com

Türkische Geldscheine & Münzen

Zahlen

1	bir	11	on bir
2	iki	12	on iki
3	üç	13	on üç
4	dört	14	on dört
5	beş	15	on beş
6	altı	16	on altı
7	yedi	17	on yedi
8	sekiz	18	on sekiz
9	dokuz	19	on dokuz
10	on	20	yirmi

21	yirmi bir	30	otuz
22	yirmi iki	40	kırk
23	yirmi üç	50	elli
24	yirmi dört	60	altmış
25	yirmi bes	70	yetmiş
26	yirmi altı	80	seksen
27	yirmi yedi	90	doksan
28	yirmi sekiz		
29	yirmi dokuz	0	sıfır

100	yüz
1000	bin
10 000	on bin
100 000	yüz bin
1 000 000	bir milyon

Vielleicht erübrigt sich jeder Kommentar: Das Zahlensystem ist – wie vieles in der türkischen Grammatik – logisch und erstaunlich konsequent aufgebaut. Man braucht sich eigentlich nur die Bezeichnungen für die Grundziffern und die Zehnerstellen („zehn, zwanzig, dreißig,...") zu merken und kann dann den Rest ganz einfach nach folgendem Prinzip „konstruieren": Man gibt einfach von links nach rechts erst die Zahl der Hunderter, dann die Zahl der Zehner und schließlich die Zahl der Einer an – ohne irgendeinen Einschub, Zusatz oder Bindeglied. Und damit hat es sich dann schon.

Ordinalzahlen

werden aus den Kardinalzahlen gebildet, indem man einfach die Nachsilbe **-(i)nci** bzw. **-(ı)ncı/-(u)ncu/-(ü)ncü)** daranhängt. (Der eingeklammerte Vokal wird weggelassen, wenn die vorhergehende Silbe schon mit einem Vokal endet.)

bir-inci	der / die / das erste
iki-nci	der / die / das zweite
üç-üncü	der / die / das dritte
dörd-üncü	usw.
beş-inci	
altı-ncı	

„Halbe"

Dafür gibt es gleich zwei besondere Bezeichnungen:

yarım wird immer dann gebraucht, wenn es sich lediglich um eine einzige Hälfte handelt:
yarım kilo domates ein halbes Kilo Tomaten

buçuk wird dagegen verwendet, wenn es sich um eine volle Zahl plus einer Hälfte handelt:
bir buçuk kilo domates eineinhalb Kilo Tomaten

Präpositionen

Präpositionen gibt es im Türkischen gar nicht, weil das Türkische nämlich nur Postpositionen kennt - oder man sowieso alles ganz anders macht. Postpositionen heißen sie deswegen, weil sie nicht vor dem Bezugswort (prä-) sondern danach stehen (post-).

Wie im Deutschen stehen einige mit dem Genitiv, andere mit dem Dativ, wieder andere mit dem Akkusativ usw., d. h. die Bezugsworte müssen in dem entsprechenden Fall erscheinen.

1. Postpositionen mit dem Dativ
(-(y)e/-(y)a)

kadar bis (zu/nach)

otobüs Ankara'ya kadar gid-iyor
Bus Ankara-Dat. bis gehen-Ggw.
Der Bus fährt bis Ankara.

şimdi-ye kadar gel-me-di
jetzt-Dat. bis kommen-nicht-Verg
Bis jetzt ist er nicht gekommen.

yarın-a kadar kal-ıyor-um
morgen-Dat. bis bleiben-Ggw.-ich
Ich bleibe bis morgen.

2. Postpositionen mit dem Ablativ (-den/-dan/-ten/-tan)

başka außer

bun-dan başka bir şey iste-m-iyor mu-sun?
dies-von außer ein Ding wollen-nicht-Ggw. (?)-du
Willst du außerdem nichts mehr?

Hasan'dan başka kimse gel-m-iyor mu?
Hasan-von außer jemand kommen-nicht-Ggw. (?)
Kommt außer Hasan niemand (mehr)?

beri seit

saat iki-den beri
Stunde zwei-von seit
Seit zwei Uhr.

çarşamba-dan beri burada kal-ıyor-uz
Mittwoch-von seit hier bleiben-Ggw.-wir
Seit Mittwoch halten wir uns hier auf.

iki yıl-dan beri mi türkçe öğren-iyor-sun?
zwei Jahr-von seit (?) Türkisch lernen-Ggw.-du
Seit zwei Jahren lernst du Türkisch?

önce	vor (zeitl.)
ondan önce	davor
çarşambadan önce	vor Mittwoch
sonra	nach (zeitl.)
ondan sonra	danach
öğleden sonra	nachmittag(s)

3. Postpositionen mit Nom./Gen.

Einige der Postpositionen stehen mit dem unveränderten Substantiv (Nominativ). Beziehen sie sich jedoch auf ein Pronomen, muss die Genitiv-Form des Pronomens gebraucht werden.

gibi wie

Hüseyin gibi wie Hüseyin

deli gibi çalış-ıyor
verrückt wie arbeiten-Ggw.
Er arbeitet wie ein Verrückter.

paşa gibi davran - ıyor- sun
Pascha wie verhalten-Ggw.-du
Du verhältst dich wie ein Pascha.

onun gibi wie der

benim gibi bir insan
ich-Gen. wie ein Mensch
Ein Mensch wie ich.

için	für, wegen
onun için	für ihn, seinetwegen, deswegen
Mehmet için	für/wegen Mehmet

anne-si için bir hediye ar-ıyor-um
Mutter-seine für ein Geschenk suchen-Ggw.-ich
Ich suche ein Geschenk für seine Mutter.

hakkında	betreffs, über, in bezug auf

politika hakkında konuş-ma-yalım!
Politik über sprechen-nicht-WUNSCH=wir
Lass(t) uns nicht über Politik sprechen!

onun hakkında bir şey bil-m-iyor-um
dies über ein Sache wissen-nicht-Ggw.-ich
Darüber weiß ich nichts.

Leider ist die Auswahl an Postpositionen im Türkischen recht bescheiden und gerade die, die man oft bräuchte, existieren überhaupt nicht. Vielmehr müssen ihre Bedeutungen durch etwas kompliziertere Konstruktionen wiedergegeben werden. Dafür gleich ein paar Beispiele:

ev-in iç-in-e	**masa-nın alt-ın-da**
Haus-Gen. Inneres-sein-Dat.	*Tisch-Gen. Unteres-sein-in*
ins Haus hinein	unter dem Tisch

Wie kommen diese Ausdrücke zustande? Zunächst mal gibt es im Türkischen eine Reihe von Substantiven, die irgendeine räumliche Beziehung ausdrücken. Diese sind:

iç	Inneres
dış	Äußeres
üst	Oberes, Oberseite
alt	Unteres, Unterseite
ön	Vorderes, Vorderseite
arka	Hinteres, Hinterseite, Rücken
orta	Mitte
ara	Zwischenraum
karşı	Gegenüber, gegenüberliegende Seite
yan	Seite

Nun kann man ja auch im Deutschen so etwas sagen wie: „in der Mitte des Raumes" oder: „im Innern des Hauses". Wenn man diese Ausdrücke direkt übersetzt, kommen genau die Konstruktionen dabei heraus, die man oben in den Beispielen findet.

„in" **-de / -da**
„ins Haus" **ev - in için - e**

Ilhan Balta@Fotolia.com

Impressionen

Wortbildungen

Wie man aus einem Wort viele Wörter macht

Für den unaufgeklärten Anfänger ist es meist reichlich verwirrend, dass viele ähnlich klingende türkische Wörter unterschiedliche Bedeutungen haben, die aber oft auch wieder inhaltlich miteinander zusammenhängen. Die Schwierigkeit dabei ist unter anderem einfach die, dass man nicht so ohne weiteres durchschaut, nach welchen Prinzipien solche Wörter aufgebaut bzw. voneinander abgeleitet sind.

Sehen wir uns unsere eigene Sprache an: Aus dem Wort „Ahn" sind eine ganze Reihe anderer Wörter abgeleitet, z. B. „ähneln", „ähn-lich", „Ähn-lich-keit". Im Deutschen und in den meisten indoeuropäischen Sprachen kann man allerdings nicht ohne weiteres mit jedem beliebigen Wort solche Ableitungen vornehmen.

Das ist im Türkischen anders: Erstens gibt es eine viel größere Anzahl solcher Wortbildungsregeln und zweitens sind viele davon auf alle oder fast alle Wörter anwendbar. Das hat natürlich den Vorteil, dass man dementsprechend weniger Vokabeln lernen muss, weil man sich teilweise seine Wörter selbst „machen" kann.

Natürlich haben sich mit der Zeit die Bedeutungen einiger solcher häufig vorkommender neugebildeter Worte auch verändert, so dass nicht alles so ganz nach „Schema F" abläuft. Trotzdem können einige dieser Regeln ein gutes Stückchen weiterhelfen, wenn es Ihnen nichts ausmacht, auch mal danebenzutreffen – wenigstens wird es so eher gelingen, sich verständlich zu machen.

Wie Sie sich sicher schon gedacht haben, werden die Wortveränderungen durch Nachsilben bewerkstelligt. Hier sollen nur ein paar vorgestellt werden, die man dafür fast ohne Einschränkungen benutzen kann.

-ci/-cı/-cu/-cü/-çi/-çı/-çu/-çü

iş	Arbeit
işçi	Arbeiter
ekmek	Brot
ekmekçi	(Brot-)Bäcker
süt	Milch
sütçü	Milchmann
yol	Weg
yolcu	Reisender
yumurta	Ei
yumurtacı	Eierverkäufer
su	Wasser
sucu	Wasserverkäufer
simit	(Sesamkringel)
simitçi	Simitverkäufer

Diese Endung kann man also an Substantive anhängen. Das neue Wort bezeichnet dann jemanden, der mit der jeweiligen Sache gewöhnlich oder professionell (oft als Hersteller/Verkäufer) zu tun hat.

-ce/-ca/-çe/-ça

türk	Türke, türkisch
türkçe	Türkisch (Sprache)
alman	Deutscher, deutsch
almanca	Deutsch (Sprache)

Wortbildungen

Angehängt an Nationalitäten- bzw. Völkernamen erhält man die Bezeichnung für die Sprache der Nationalität bzw. des Volkes.
Achtung:
Die einfachen Nationalitätenbezeichnungen können niemals die Sprache bezeichnen!

ingiliz	Engländer, englisch
ingilizce	Englisch (Sprache)
fransız	Franzose, französisch
fransızca	Französisch (Sprache)
ispanyol	Spanier, spanisch
ispanyolca	Spanisch (Sprache)
yunan	Grieche, Griechisch
yunanca	Griechisch (Sprache)

tarzan	Tarzan (Dschungelvolk, bisher erst ein einziges bekanntes Exemplar)
tarzanca	tarzanisch (So nennen die Türken die grammatisch gebrochene Sprechweise, derer sich wohl auch Sie bedienen werden.)

-lik/-lık/-luk/-lük

güzel	schön	**güzellik**	Schönheit
bir	ein	**birlik**	Einheit,
hasta	krank	**hastalık**	Krankheit
pis	schmutzig	**pislik**	Schmutz
zor	schwierig	**zorluk**	Schwierigkeit
insan	Mensch	**insanlık**	Menschlichkeit
asker	Soldat	**askerlik**	Militärdienst
yolcu	Reisender	**yolculuk**	Reise
göz	Auge	**gözlük**	Brille
söz	Wort	**sözlük**	Wörterbuch

Wird also - ähnlich wie im Deutschen „-heit, -keit“ gebraucht, um aus Adjektiven und konkreten Substantiven i. A. abstrakte Begriffe zu bilden. „Abstrakt“ darf dabei allerdings nicht so wörtlich genommen werden (s. „Brille“, „Wörterbuch“). Doch überlassen wir solche eher spitzfindigen Definitionsfragen anderen - das Grundprinzip ist sicherlich so in etwa klar geworden, auf mehr soll es hier ja nicht ankommen.

Übrigens wird diese Nachsilbe auch oft zur Benennung allgemeiner Berufsbezeichnungen gebraucht:

şoförlük	Beruf des Chauffeurs
öğretmenlik	Beruf des Lehrers

steve estvanik@Fotolia.com

Gewürzstand auf dem Markt

Wortbildungen

-li/-lð/-lu/-lü

bedeutet soviel wie „mit...“

akıl	Verstand
akıllı	verständig, klug
ev	Haus
evli	verheiratet
renk	Farbe
renkli	farbig, bunt
resim	Zeichnung, Bild
resimli	mit Zeichnungen/Bildern, illustriert
yaş	Alter
yaşlı	alt
fark	Unterschied
farklı	anders, unterschiedlich
çeşit	Art, Sorte
çeşitli	verschieden(artig)
güç	Kraft, Stärke
güçlü	kräftig, stark
tuz	Salz
tuzlu	salzig

Das Gegenteil davon wird ausgedrückt mit der Nachsilbe

-siz/—sðz/—suz/—süz

akılsız	unverständig, unklug
farksız	ohne Unterschied, gleich
resimsiz	ohne Bilder
renksiz	farblos
tuzsuz	ohne Salz, ungesalzen

Zusammengesetzte Substantive

Sehen wir uns ein paar Beispiele an:

çöp kutu-su
Müll Kasten-von
Mülleimer

at araba-sı
Pferd Wagen-von
Pferdewagen

kül tabağ-ı
Asche Teller-von
Aschenbecher

ev kadı-nı
Haus Frau-von
Hausfrau

Nach diesem Prinzip kann man also beliebig Wortzusammensetzungen bilden: Man nimmt die beiden Wörter, stellt sie in der richtigen Reihenfolge hintereinander und versieht das zweite mit der Zugehörigkeits-Silbe. Noch ein paar Beispiele? Werfen wir einfach einen Blick auf die türkische Speisekarte:

patlıcan kızartma-sı
Auberg. gebraten-von
Bratauberginen

biber dolma-sı
Paprika Füllung-von
gefüllte Paprika

fıçı bira-sı
Fass Bier-von
Bier vom Fass

peynir böreğ-i
Käse Pastete-von
Käse-Blätterteigpastete

Genug davon! Wer Appetit bekommen hat, möge sich im Kapitel „Essen und Trinken“ weitere Anregungen holen.

ikthus2010@Fotolia.com

Felsengräber in Demre (Myra), Provinz Antalya

Zeitangaben

Jahreszeiten

ilk bahar	Frühling
ilk baharda	im Frühling
yaz	Sommer
yazın	im Sommer
son bahar	Herbst
son baharda	im Herbst
kış	Winter
kışın	im Winter

Monate

ocak	Januar
şubat	Februar
mart	März
nisan	April
mayıs	Mai
haziran	Juni
temmuz	Juli
ağustos	August
eylül	September
ekim	Oktober
kasım	November
aralık	Dezember

ay	Monat
haziranda	im Juni
ekimde	im Oktober

Die einfachste Form, ein genaues Datum anzugeben:
Tag des Monats + Monatsname + Jahreszahl

bir ocak bin dokuz yüz seksen dört
1 Januar 1000(+)9(x)100(+)80(+)4
1. Januar 1984

gün *heißt „Tag“,* **-ü** *ist wieder die „Possessiv“-Silbe für die Wort-Zusammensetzung.*

Wochentage

pazar (günü)	Sonntag
pazartesi (günü)	Montag
salı (günü)	Dienstag
çarşamba (günü)	Mittwoch
perşembe (günü)	Donnerstag
cuma (günü)	Freitag
cumartesi (günü)	Sonnabend

Tageszeiten

sabah	Morgen
öğle	Mittag
akşam	Abend
gece	Nacht
sabahta	am Morgen
sabahleyin	morgens
akşamda	am Abend
akşamleyin	abends
gecede, geceleyin	in der Nacht, nachts
öğlede, öğleyin	am Mittag, mittags

Obwohl es kein Wort für „Vormittag“ und „Nachmittag“ gibt, lassen sich Adverbien bilden wie:

öğle-den sonra
Mittag-von nachher
nachmittags, am Nachmittag

öğle-den önce
Mittag-von vorher
vormittags, am Vormittag

remonaldo@Fotolia.com

Historische Straßenbahn in Istanbul

ryuivst@Fotolia.com

Touristenboote am Strand von Antalya

Außer den festen Redewendungen werden Sie in diesem Teil vor allem eine Reihe von Vokabeln finden, die - im Unterschied zum Wörterverzeichnis am Ende - nach Situationen bzw. Themen geordnet sind, so dass man im Bedarfsfall nicht erst alles mühsam zusammensuchen muss, sondern gleich das Wichtigste auf einen Blick parat hat.

Zustimmung/Verständigung

Zustimmung

Wie im Deutschen gibt es auch im Türkischen eine ganze Reihe von Ausdrücken und Wörtern, mit denen man Aussagen und Vorschlägen zustimmt, etwas bekräftigt oder sein Einverständnis gibt. Sie lassen sich eigentlich nicht richtig übersetzen – allerdings sind sie auch nicht immer gegeneinander austauschbar.

tamam
Einverstanden, in Ordnung, o.k.

ol-ur
werden-Ggw.=es
In Ordnung, abgemacht.

ol-du
werden-Verg.=es
Gut, o.k., alles klar, also (wenn man ein Thema, ein Gespräch beenden will).

ol-sun
werden-WUNSCH=es
So soll es sein, (na) gut, meinetwegen.

tabi(i)
Natürlich, klar, selbstverständlich.

emin-im
sicher-sein=ich
(Ich bin) sicher.

Verständigung

efendim?
Wie bitte?

Achtung:
es gibt eine gleichlautende Anrede!

anla-m-ıyor-um
verstehen-nicht-Ggw.-ich
Ich verstehe nicht.

tekrar et!
wieder machen=BEFEHL= du
(Mach/Sag das) noch einmal!

(daha) yavaş konuş, lütfen!
mehr langsam sprechen=BEFEHL=du bitte
Sprich bitte langsam(er).

... ne demek?
was? sagen ...
Was heißt ... ? Wie sagt man ... ?

anderes

fark et-mez
Unterschied machen-Ggw.=nicht= es
Das ist egal. Das macht nichts.

boş ver!
frei geben=Befehl=du
Lass gut sein! Schon gut!
Mach dir nichts draus!

önem-li değil
Wichtigkeit-mit nicht
Das ist nicht wichtig.

dikkat (et)!
Vorsicht machen BEFEHL=du
Achtung! Vorsicht!
Gib acht!

bana ne?
mir was?
Was geht mich das an?

ne ol-du?
was? werden-Verg.=es
Was ist los?
Was ist passiert?

sana ne?
dir was?
Was geht dich das an?

bak-alım
sehen-WUNSCH=wir
Wollen (wir) mal sehen!

Mal sehen!

... nerede?

Wo ist ...?

bil-m-iyor-um
wissen-nicht-Ggw.-ich
Ich weiß nicht.

burada (bir) ... var mı?
hier ein es=gibt (?)
Gibt es hier (ein) ...?

ne ist-iyor-sun?
was? wollen-Ggw. (?)-du
Was willst du?
Was möchtest du?

yorgun-um
müde-bin=ich
Ich bin müde.

... ist-iyor-um
wollen-Ggw.-ich
Ich möchte/will ...

** Etwas verbieten* **(yasak-lamak)** *können nur Autoritäten wie der Staat, die Polizei oder andere Respektspersonen.* **Ayıp** *ist alles, was die allgemeine Moral verletzt und damit jeden Türken potentiell beleidigt.)*

... yasak*
... ist verboten

... ayıp
... ist schändlich

Höflichkeit

...hat einen hohen Stellenwert in der Türkei. Nicht zu verwechseln mit Freundlichkeit, besteht sie in der Einhaltung ganz bestimmter, festgelegter Umgangsformen. Wer höflich ist, bezeugt damit seine Achtung und seinen Respekt vor anderen Personen. Jede Nicht-Erfüllung von Regeln der Höflichkeit hat genau den gegenteiligen Effekt – meistens auch dann, wenn man versucht, dasselbe Ziel – nur mit anderen Mitteln - zu erreichen. Wenn man sich also nicht von vornherein unbeliebt machen will, sollte man darauf achten, dass man sich besonders die Höflichkeitsrituale abguckt, einprägt und mitmacht - damit wird man sich Anerkennung und ein gutes Verhältnis zu seiner Umgebung sichern.

Besonders gegenüber Leuten mit höherem Status und von seiten der Männer gegenüber Frauen ist unbedingte Höflichkeit angebracht: Im ersten Fall, um niemanden zu beleidigen, im zweiten Fall um die nötige Distanz zum anderen Geschlecht aufrecht zu erhalten. Gerade letzteres wird in der Türkei sehr ernstgenommen: Ungebührliche Nähe zu einer weiblichen Person beschmutzt nicht nur deren Ehre, sondern ebenfalls die ihrer ganzen Familie und hat dementsprechend schroffe Reaktionen zur Folge: Ein Mann, der sich einer Frau in irgendeiner Form unsittlich nähert, ist womöglich seines

Lebens nicht mehr sicher, und zwar durchaus im wörtlichen Sinn.

Das hat sich natürlich in den Städten sehr stark verändert: Auch in der Türkei beklagen sich Alte und Landleute über den Verfall von Sitten und Moral – nicht ohne Grund. Genaueres dazu findet man noch in dem Abschnitt zur Einführung in die Kultur der Türkei. Kommen wir erstmal zur sprachlichen Seite der Höflichkeit:

Entschuldigung

affed-er-siniz
entschuldigen-Ggw.-Sie
Entschuldigen Sie.
(als Einleitung einer Bitte, z. B. um Auskunft)

özür dil-er-im
Entschuldigung erbitten-Ggw.-ich
Ich bitte um Verzeihung.

pardon
Pardon („schick", weil französisch – auf dem Land ungebräuchlich).

kusur-a bak-ma-yın(ız)
Fehler-Dat. sehen-nicht-BEFEHL=Sie
Nehmen Sie es mir nicht übel!

isteyerek ol-ma-dı
wollend werden-nicht-Verg.=es
Das wollte ich nicht!

Antworten

önem-i yok
Wichtigkeit-seine es=gibt=nicht
Ist nicht wichtig, macht nichts.

mühim değil
wichtig nicht
Ist nicht wichtig, macht nichts.

fark et-mez
Unterschied machen-nicht=Ggw.=es
Ist egal, macht nichts.

Glückwunsch/Beileid

göz-ün aydın*
Auge-dein leuchtend
(sagt man, wenn man jemandem ein ihn betreffendes glückliches Ereignis mitteilen will, wird auch ironisch verwendet!)

tebrik ed-er-im
Glückwunsch machen-Ggw.-ich
Ich gratuliere!

tebrikler!
Glückwünsche!

... -(y)e/-(y)a kutl-ar-ım
Dat. beglückwünschen-Ggw.-ich
Herzlichen Glückwunsch/Alles Gute zu(m)...

(yeni yıl-ınız) kutlu ol-sun
neu Jahr-Ihr Heil werden-WUNSCH
Alles Gute zum neuen Jahr.

çok üzgün-üm
sehr traurig-ich
Das tut mit aber leid.

çok üzül-dü-m
sehr traurigsein-Verg.-ich
Das tut mir leid.

geçmiş ol-sun*
vergangen werden-WUNSCH=es

Freude/Bedauern

(çok) memnun ol-du-m
sehr zufrieden werden-Verg.-ich
Es hat mich sehr gefreut.
Ich bin sehr zufrieden.

el-iniz-e sağlık*
Hand-Ihre-Dat. Heil

çok güzel ol-muş
sehr schön werden-Verg.=es
Es ist sehr schön gewesen.

ne yazık
was schade
Wie schade.

**Sagt man, wenn man hört, dass einer der Anwesenden oder ein Bekannter krank geworden ist oder ihm ein Unglück zugestoßen ist: „Möge es vorbeigehen!“*

**Sagt man, wenn man bei jemandem zu Gast ist und das angebotene Essen loben will.*

Bitte/Dank

sigara iç-me-yin, lütfen
Zigarette rauchen-nicht-BEFEHL=Sie bitte
Bitte rauchen Sie nicht.

bana bir tane ekmek ver-ebil-ir mi-siniz?
mir ein Stück Brot geben-können-Ggw. (?)-Sie
Können Sie mir einen Laib Brot geben?

oda-lar-ınız-ı bana göster-ebil-ir mi-siniz?
Zimmer-PL.-Ihre-Akk. mir zeigen-können-Ggw. (?)-Sie
Können Sie mir Ihre Zimmer zeigen?

sağ ol
gesund werden-BEFEHL=du
Danke (informell)

teşekkür ed-er-im
Dank machen-Ggw.-ich
Ich danke.

sağ ol-un
gesund werden-BEFEHL=Sie
(formell, bei Anrede mit „Sie“)

teşekkür-ler
Dank-PL.
Danke.

sağ ol-unuz
gesund werden-BEFEHL = Sie
(besonders formell)

Ausdrücke, die das Wort **allah** *enthalten, entstammen der religiösen Tradition – sie werden deswegen häufig von jüngeren Türken vermieden. Auf dem Lande und in der älteren Generation sind sie jedoch sehr gebräuchlich.*

allah gönl-ün-ün murad-ın-ı ver-sin
Gott Herz-Gen.-dein Wunsch-sein-Akk. geben-WUNSCH=er
Gott möge deinen Herzenswunsch erfüllen.

allah razı ol-sun
Gott zufrieden werden-WUNSCH=er
Gott möge zufrieden sein.

mersi
danke
(„schick", weil französisch; wird gerne von der jüngeren Stadtbevölkerung verwendet.)

bir şey değil
ein Ding nicht
Nicht der Rede wert. Keine Ursache. (Erwiderung auf „danke")

JK@Fotolia.com

Am Nemrut (Berg Nimrod) im Taurusgebirge

Begrüßen, Verabschieden

Begrüßungen sind gewissermaßen alltägliche Rituale. Sie bestehen nicht nur aus den eigentlichen Grußworten, sondern gleichzeitig aus deren Erwiderung - die im Türkischen in manchen Fällen anders lautet als die Begrüßung selbst. Und schließlich sollen sie in den meisten Fällen auch ein Gespräch einleiten - man fragt nach dem Befinden, nach Neuigkeiten etc. Wer sich der Floskeln nicht bedient, gilt schnell als unhöflich und stößt auf Ablehnung.

Zuerst die eigentlichen Grußworte; einige von ihnen sind reine Begrüßungs-, andere reine Abschiedsfloskeln, wieder andere können in beiden Fällen benutzt werden:

günaydın
Tag hell
Guten Morgen (bis zum Vormittag).

merhaba!
Allerweltsbegrüßung
(etwa: Hallo!)

iyi gün-ler
gut Tag-PL.
Guten Tag (vom Vormittag bis zum späten Nachmittag, Begrüßung und Abschied).

iyi akşam-lar
gut Abend-PL.
Guten Abend
(vom frühen Abend bis zum Einbruch der Dunkelheit, Begrüßung und Abschied).

iyi gece-ler
gut Nacht-PL.
Gute Nacht
(Abschiedsgruß am späten Abend).

Faschisten behaupten, diese Begrüßung sei von Kommunisten erfunden, Vorsicht also beim Gebrauch.

selâm
Hallo

Die traditionelle islamische Begrüßung ist:

Ankommender:	**selâmünaleyküm**
Anwesender:	**aleykümselâm**

Die Verwendung dieser Grußformel zeigt, dass der Sprecher sich an den islamischen Glauben und seine Formen gebunden fühlt. Sie wird viel von älteren Männern und auf dem Lande benutzt neuerdings aber auch vermehrt unter orthodoxen Moslems.

Es gibt mehrere solcher Grußformeln, die aus Paaren bestehen. Ist ein Bestandteil des Paares geäußert worden, muss der Gesprächspartner mit dem zweiten Teil antworten. Wer von beiden Gesprächspartnern nun welchen „Part" übernimmt, hängt davon ab, wer neu hinzukommt bzw. wer schon anwesend ist. Ein weiteres solches Paar ist:

Anwesende:	**hoş gel-di-n/-niz** *wohl kommen-Verg.-du/-Sie* sei/seien Sie willkommen

Ankommende:	**hoş bul-du-k** *Wohl finden-Verg.-wir* wir sind wohl angekommen

(Diese Begrüßung wird nur benutzt, wenn man als Gast in ein Haus kommt)

Gute Freunde (gleichen Geschlechts!) oder Verwandte, die sich lange Zeit nicht gesehen haben, begrüßen sich mit Umarmungen und – je nach Vertrautheit – angedeuteten oder auch echten Küssen auf beide Wangen.

Ältere (Respekts-)Personen werden, wenigstens nach längerem Wiedersehen oder bei formellen Festlichkeiten (Feiertage etc.) von den Jüngeren mit Handkuss begrüßt, wobei man die geküsste Hand des anderen an die eigene Stirn führt.

Nach der Begrüßung folgt – fast obligatorisch – die Frage nach dem Befinden. Zumindest, wenn man sich nicht schon mal am selben Tag gesehen hat. Sie lautet:

nasıl-sın/-sınız?
Wie?-bist=du/sind=Sie
Wie geht es Dir/Ihnen?

Antwort: z. B. **kötü!**
schlecht!

sağol, iyi-yim.
danke gut-bin = ich
Danke, (mir geht es) gut.

hiç sor-ma!
jemals fragen-nicht=BEFEHL=du
Frag bloß nicht!

pek iyi değil-im
sehr gut nicht-bin=ich
Nicht so gut, nicht sehr gut

Die Frage **nasılsın?** ist relativ förmlich und wird oft unter guten Bekannten ersetzt durch z. B. folgende Fragen:

ne haber?
was? Nachricht
(ungefähr: Na, wie sieht's aus?)

Antworten: (Wem es besonders gut geht, der sagt gleich alles auf einmal.)

sağlık	Gesundheit
iyilik	Wohlbefinden
güzellik	Schönheit

Zum Abschied sagt man (abgesehen von den oben schon aufgeführten Ausdrücken):

Gehender:	
allahaısmarladık	Gott befohlen! (sprich: **allahsmarladık**)

Bleibender:	
güle güle (git)	-(geh) lachend

Statt des religiös motivierten **allahaısmarladık** kann man auch sagen:

hoşça kal
wohl bleiben=BEFEHL=du
Leb wohl
(wenn man sich für längere Zeit trennt).

eyvallah!
Tschüß!

görüş-üyor-uz! (görüşürüz)
sich=sehen-Ggw.-wir
Wir sehen uns!

Anrede

In der Türkei redet man sich selten mit dem Namen an. Allenfalls benutzt man diese Form der Anrede unter Gleichaltrigen. Sonst benutzt man förmliche Anreden:

efendi(m)	(mein) Herr
hanımefendi	(meine) Dame,
beyefendi	(mein) Herr (noch förmlicher als **efendi**)

Diese Anreden drücken Unterwürfigkeit aus und werden vor allem gegenüber Respektspersonen wie Beamten, Polizisten, Offizieren, usw. gebraucht. Aber auch offensichtliche Statusunterschiede verlangen vom Niedrigstehenden, dass er sich dieser Anrede bedient. „Noble" Dienstleistungsunternehmen verlangen von ihren Angestellten, alle Kunden so zu titulieren. Gegenüber Frauen ist die förmliche Anrede häufiger üblich. Gewöhnlich dienen aber folgende Verwandtschaftsbezeichnungen als Anrede:

ağabey	(großer) Bruder
abla	(große) Schwester

sagt man zu älteren Angehörigen der eigenen Generation.

amca	Onkel
teyze	Tante

sagt man zu Angehörigen der älteren Generation.

nine	Oma
dede	Opa

sagt man zu Leuten, die bereits ein „ehrwürdiges“ Alter erreicht haben.

kardeş	(kleine) Schwester, (kleiner) Bruder

sagt man zu jüngeren Angehörigen der gleichen Generation.

kızım	mein Mädchen, Tochter
oğlum	mein Junge, Sohn
çocuğum	mein Kind
yavrum	mein Kleines

benutzt man für die Anrede von sehr viel Jüngeren.

Oft werden diese Anredeformen dem Vornamen der betreffenden Person nachgestellt, zumindest bei der Anrede älterer Personen. Die Anrede mit dem einfachen Namen ist dagegen nur zwischen Gleichaltrigen üblich. Aber auch dort sagt man oft: **arkadaş(im)** – *(mein) Freund (Auch wenn man ihn gar nicht kennt.)*

Der jeweils Ältere ist auch immer der, dem mehr Ehrerbietung und Respekt gebührt - nach dem türkischen Sittenkodex. Die Anrede ist also wie die Höflichkeitsformeln Ausdruck von sittlicher Haltung und Achtung der Würde des Anderen. An der Vielfalt der türkischen Anredeformen zeigt sich darüberhinaus eine wesentliche Eigenart der türkischen Sozialstruktur: Neben den Klassenunterschieden, die in den formellen Anredeformen Ausdruck finden, ist jede Lebensgemeinschaft (auch jede Familie!) stark bestimmt von einer **festen Rangordnung**, in der Geschlecht und Alter die Größen sind, die einen hohen Rang verschaffen.

Alte Männer stehen ganz oben auf dieser Skala, während alte Frauen selten mehr Respekt genießen als jeder andere junge, unverheiratete Mann. Unverheiratete Mädchen und Kinder haben schließlich überhaupt nichts „zu melden". (Was allerdings gar nichts über die gefühlsmäßigen Beziehungen zwischen Angehörigen auch unterschiedlicher Generationen aussagt!)

Man wird Schwierigkeiten damit haben, immer das Alter der Gesprächspartner einschätzen zu müssen. Im Zweifelsfall benutzt man die Anrede, die ihn zum Älteren macht. Seien Sie aber darauf gefasst, dass ein 40-jähriger, den man mit **dede** (Opa) anredet, mit verletzter Eitelkeit reagieren wird!

Die bei uns häufigste Anrede mit „Herr …." ist in der Türkei vollkommen unüblich. Sie wird schon deswegen wenig gebraucht, weil sie zusammen mit einer festen Familiennamensgebung erst in den zwanziger Jahren gesetzlich eingeführt wurde. Sie wird im Grunde nur wichtig im Zusammenhang mit amtlichen Vorgängen, im Alltagsleben spielt sie kaum eine Rolle. Sie lautet:

bay …	Herr …
bayan …	Frau …

Ausrufe und Gesten

Was ein richtiger Türke ist, der versteht es, ganze Gespräche zu führen, ohne einen einzigen Ton von sich zu geben. Die Mimik und Gestik wird aber auch in „richtigen" Gesprächen zur lebendigen Unterstützung des Gesagten gebraucht. Leider sind diese Ausdrucksformen eigentlich nicht oder nur sehr umständlich zu beschreiben. Ich will es dennoch bei einigen fast unentbehrlichen probieren:

1. kurzes Hochziehen der Augenbrauen (manchmal begleitet von einem leichten Schnalzen „th") = Nein.
2. leichtes, schnelles Schütteln des Kopfes (manchmal begleitet von einem fragenden „hee" oder „haa") = Wie? Was? Versteh ich nicht. Was meinst Du?
3. kreisende Bewegung mit der nach oben offenen, gespreizten Hand (oft mit einem lang gezogenen „oohoo") = Mannometer, mein lieber Mann! Oft auch eine Geste der Anerkennung, Bewunderung.
4. Aneinanderreiben der nach vorne ausgestreckten Zeigefinger drückt eine enge Beziehung zwischen irgendwelchen Dingen aus.
5. leichtes Winken mit der ausgestreckten Hand, wobei der Handrücken nach oben zeigt = Komm her!

Neben diesen (und anderen weiteren) Gesten sind folgende „Lautgesten" und Ausrufe besonders wichtig:

maşallah	(arab.: mit Gott; Lob, Segenswunsch)
allahallah	mein Gott! meine Güte !
vallahi(billahi)	doch! und ob! glaub mir!
ouffff	o je ! au weia ! aua !
th! (geschnalzt)	nein!
th..th..th..	also nein! nun sieh dir das an!
öfff..th..th..th	meine Güte, das gibt's doch gar nicht!
hadi	los! auf!
hadi be	ach geh! los, los

Beschimpfungen

Es ist wohl nicht notwendig, darauf hinzuweisen, dass man mit Beschimpfungen und Flüchen nicht vorsichtig genug sein kann. Vor allem darf man nicht den Fehler machen, von der deutschen Übersetzung auszugehen, um zu beurteilen wie gravierend ein Schimpfwort ist. Um die gröbsten Fehler zu vermeiden, finden sich hier zwei Listen: eine mit Ausdrücken, die man bei passender Gelegenheit schon einmal verwenden kann, eine zweite, die nur dazu da ist, dass man im Notfall weiß, was sie heißen, die man aber niemals verwenden sollte – und wenn sie noch so angebracht erscheinen: Jeder, dem sie entgegengebracht werden, ist zu Recht ernsthaft beleidigt, und man ist vor nichts mehr sicher. Lassen Sie sich auf keinen Fall in einen ernsthaften Streit ein, wenn Sie Handgreiflich-

vermeiden wollen. Seien Sie sich darüber im Klaren, dass Ihr Gegner sich immer aus der Schlinge wird ziehen können, auch wenn die nicht gerade zimperliche Polizei oder Militär eingeschaltet wird. Jeder andere in seiner Situation würde das Blaue vom Himmel herunterlügen, um Ihnen die Schuld in die Schuhe zu schieben und Sie können nichts dagegen machen. Falls Sie jemand wirklich belästigt, beschimpfen Sie ihn einfach lauthals auf deutsch. Er wird zwar nichts verstehen, aber er wird mitkriegen, dass Sie sich nicht einfach alles gefallen lassen. Meist werden Sie damit Erfolg haben, zumal wenn andere Leute in der Nähe sind.

Schimpfworte, die man gebrauchen kann

sapik	Verrückte(r), Psycho
manyak	Blödmann
namuzsuz	Ehrloser
eşek	Esel
eşoğlu eşek	Eselskind Esel
eşekherif	Eselskerl

can-ın cehennem-e
Seele-dein Hölle-Dat.
Zur Hölle mit deiner Seele!

rahat bırak beni
ruhig lassen=BEFEHL-du mich
Lass mich in Ruhe!

allah iki göz-ün-ü kor et-sin
Gott zwei Auge-dein-Akk.
blind machen-WUNSCH=er
Gott soll Dich auf beiden Augen erblinden lassen!

allah ceza-sın-ı ver-sin
Gott Strafe-seine-Akk. geben-WUNSCH=er
Gott soll ihn bestrafen!

allah bela-nı ver-sin
Gott Unglück-Akk. geben-WUNSCH=er
Gott möge Unglück über dich bringen!

allah kahret-sin
Gott verfluchen-WUNSCH=er
Gott soll (dich, ihn, ...) verfluchen!

defol Hau ab!
sus Schweig!

ağz-ın-ı kapat
Mund-dein-Akk. zumachen-BEFEHL=du
Halt deinen Mund!

çık buradan
hinausgehen-=BEFEHL=du von=hier
Mach, dass du wegkommst!

ayıp Schande!
ist die Bezeichnung für alles, was ungehörig, sittenwidrig und schändlich ist. Der Ausdruck ist immer mit einer gewissen moralischen Entrüstung verbunden.)

Lan ist ein unübersetzbares Schimpfwort, das im **argo**, dem türkischen „Slang" sehr häufig gebraucht, aber unter „anständigen" Leuten nicht gern gehört wird.

Schimpfworte, die man nicht benutzen sollte:

köpek	Hund
it	Köter
domuz	Schwein
ibne	Schwuler
piç	Bastard
bokherif	Scheißkerl
pis herif	Dreckskerl
pis adam	Dreckskerl
pis karı	Drecksweib
pezevenk	Zuhälter
orospu	Hure
kahpe	Nutte
orospu çocuğu	Hurenbalg

Die meisten **orientalischen Sitten** und Gebräuche findet man in der Türkei **nicht mehr in reiner Form** wieder: Seit Atatürks Zeiten, dem Staatsgründer der „modernen" Türkei und deren ersten Präsidenten, wurde von Seiten der Regierung immer wieder versucht, die Türkei zu einem „hoffähigen", westlichen, „zivilisierten" Staat zu machen.

Egal, wie man zu dieser West- und Modernisierungseuphorie steht – man muss zugeben, dass diese Politik anfänglich durchaus vielversprechend erschien und für viele Türken **bessere Lebensverhältnisse** brachte (allerdings muss man da gleich eine ganze Reihe von Einschränkungen machen, besonders was armenische und kurdische Minderheiten betrifft, die teils massakriert wurden, teils schwere Repressionen erfuhren - und erfahren - nicht ohne zum Teil mit Gegengewalt zu reagieren).

Da die **Erneuerungsversuche** insbesondere auch tief verwurzelte religiöse und kulturelle Normen betrafen, mussten sie oft mit massivem Druck oder auch gewaltsam durchgesetzt werden. Das Ergebnis ist ein verwirrendes Nebeneinander von teils aggressiv reaktionärem, teils simpel instinktivem **Traditionsbewusstsein** einerseits und blinder Negation der eigenen Tradition mit naiver West- und Fortschrittsgläubigkeit gepaart oder einfach vollkommenem Traditionsverlust und Orientierungslosigkeit andererseits.

In solchen Bevölkerungsteilen ist die Gefahr besonders groß, dass die übermächtige westeuropäisch-amerikanische **Massen„kultur“** ungehindert in die Sphäre einbricht. Es sind nur Kuriositäten, wenn der „Muezzin“ vom Turm der Moschee das im benachbarten Freilichtkino die neuesten Hollywood-Filme betrachtende Publikum (vergeblich) zum Abendgebet ruft. Oder wenn die nach islamischem Brauch beschnittenen kleinen Jungen im offenen amerikanischen Straßenkreuzer durch die Stadt jagen, gefolgt von einem zweiten Wagen, in dem paukend und pfeifend zwei „Zigeuner“ - Musikanten den uralten Beschneidungsmarsch ertönen lassen.

Einerseits zerbricht die traditionelle Kultur zusehends, andererseits beweist sie doch immer wieder erstaunliche Zähigkeit und sucht sich ihre Nischen, in denen sie neben allem Neuen weiterlebt. So auch bei einem der Markenzeichen des Orients, beim

Kaufen & Handeln

Natürlich gibt es längst Warenhäuser. Natürlich gibt es Boutiquen, Supermärkte usw. und feste Preise.

An vielen Stellen ist es auch längst üblich, mit Kreditkarten zu bezahlen. Die international bekannten Karten werden in der Regel akzeptiert und die entsprechenden Logos findet man an den Türen oder in Kassennähe.

Doch es gibt nach wie vor auch Basare, fliegende Händler und kleine Läden in der Nische. Und da wird gehandelt. (Wer es nicht tut, zahlt schnell das Doppelte oder Dreifache des angemessenen Preises.

(bu) kredi karti-yla öde-yebilir mi-yim?
(diese) Kredit Karte-mit bezahlen-können (?)-ich
Kann ich mit (dieser) Kreditkarte bezahlen?

(bu) kredi karti geç-iyor mu?
(diese) Kredit Karte gehen-Ggw.=sie- (?)
Kann ich mit (dieser) Kreditkarte bezahlen?

Wo und wann darf bzw. muss nun gehandelt werden, wo nicht? Feste Regeln gibt es dafür nicht. Aber auch hier gilt: Je weiter auf dem

Land und je weiter im Osten, desto mehr. Dort wo die Ware mit Preisschildern versehen ist oder Preislisten existieren, wo Marken- und Serienprodukte verkauft werden, in Warenhäusern, bei Lebensmitteln (außer Obst, Gemüse, Getreideprodukte und Gewürze auf dem Bazar in kleinen Orten), überall dort wird im allgemeinen nicht gehandelt.
Gehandelt wird dagegen **auf kleinen Bazaren,** bei Alt- und Gebrauchtwaren, handwerklichen („handgemachten“) und kunstgewerblichen Erzeugnissen. Ist man sich unsicher, ob man handeln muss, versuche man es einfach. Man wird schon darauf hingewiesen, dass hier die Devise gilt:

pazarlık yok kein Handeln

Ein paar Regeln fürs Handeln:

1. Von einem Touristen wird jeder Händler ein Vielfaches dessen verlangen, was er einem Landsmann abnehmen könnte, der sich besser mit den Preisen auskennt. Wer solch einen Preis annimmt, schadet nicht nur sich selbst, sondern provoziert die Händler dazu, die typische **Touristen-Wucherpreis-Strategie** auf die Spitze zu treiben – was sich dann irgendwann auch auf die Preise für Landsleute auswirkt, die im Vergleich zu den Touristen meist arme Kirchenmäuse sind.

2. Als **Faustregel** kann man davon ausgehen, dass die Ware ungefähr die Hälfte dessen wert ist, was zunächst verlangt wird.

3. Um **Preisnachlass** zu erwirken, ist kein Argument zu weit hergeholt. Man lasse die Phantasie spielen, demonstriere, dass man nur noch soundsoviel Geld bei sich hat, dass man die Ware woanders billiger kriegen könnte, obwohl das im Moment etwas weit zu laufen wäre. Man beklage sich über die finanzielle Misere des Studenten-Daseins oder darüber, dass einem just gestern viel Geld gestohlen wurde und man nun abreisen muss, aber von dem wenigen verbliebenen Geld wenigstens noch ein paar Geschenke für die Eltern, die Geschwister, die Kinder usw. erwerben will. Was auch immer Ihnen einfällt - Hauptsache, man versteht es durch immer wieder neue Einwände und Argumente, den Handel lebendig und phantasievoll zu gestalten - denn es soll nicht nur Ihnen, sondern auch dem Händler Spaß machen!

4. Durch **Kombinationskäufe** lassen sich Preisnachlässe erwirken: Für die dreifache Ware nur den doppelten Preis usw.

5. **Man zeige sich ehrlich interessiert,** überlege hin und her, ob man sich den horrenden Preis leisten kann, sehe sich zwischendurch andere Dinge an, komme aber immer wieder auf das Wunschobjekt zurück. Verbringen Sie viel Zeit und machen Sie immer wieder deutlich, dass Ihnen der geforderte Preis wirklich zu teuer ist. Werfen Sie möglichst viele Brocken Türkisch ein, desto eher werden Sie für kompetent gehalten.

6. Bleiben Sie geduldig, freundlich, höflich, aber bestimmt. Ärgern Sie sich nicht über überhöhte Preisforderungen, sie gehören zum Spiel dazu. Zeigen Sie sich kooperativ und handeln Sie nie, wenn Sie nicht wirklich bereit sind, zu einem angemessenen Preis zu kaufen (d. h. auf jedenfall ein Preis, der zwischen der Forderung und Ihrem Gegenangebot liegt). Man biete also zunächst einiges weniger als man wirklich zu zahlen bereit ist, damit man Spielraum für Kompromisse hat. Ein Preisnachlass ist immer mit einem höheren Angebot zu „vergelten". Ein einmal ausgesprochenes Angebot darf man niemals unterschreiten!!

7. Wenn kein anderes Mittel mehr hilft, machen Sie Anstalten, sich schweren Herzens ohne Erfolg zu entfernen, wenden Sie sich um, gehen Sie wirklich. In den meisten Fällen wird man zurückgerufen - und bekommt Preisnachlass! Sollte auch das nicht gelingen, komme man einfach bei Gelegenheit wieder. Man hätte dann durch nichts in der Welt etwas erreicht. Ohne weiteres kann man ein paar Stunden oder einen Tag später wiederkommen. Das ganze Spiel beginnt dann von vorne. Wenn Sie immer noch erfolglos bleiben, überlegen Sie sich ernsthaft, ob Sie den geforderten Preis zahlen wollen.

8. Bei **wertvolleren Objekten** kaufe man nie ohne einen kompetenten Berater!

Nun ein paar Satzbeispiele, die weiterhelfen:

Gibt es .../Haben Sie ...?	**... var mı?**
Wo kann ich ... kaufen?	**nerede... al-abilir-im?** *wo? kaufen-können-ich*
Wo kann ich ... finden?	**nerede ... bul-abilir-im?** *wo ... finden-können-ich*
Ich möchte zwei Eier (kaufen).	**iki tane yumurta (almak) ist-iyor-um** *zwei Stück Ei (kaufen) wollen-Ggw.-ich*
Können Sie mir eine Flasche Wein geben?	**bana bir şişe şarap ver-ebilirmi-siniz?** *mir eine Flasche Wein geben.-können (?)-Sie*
Können Sie mir Ihre Stoffe zeigen?	**bana kumaş-lar-ınız-ı göster-ebilir mi-siniz?** *mir Stoff-PL.-ihre-Akk. zeigen-können (?)-Sie?*
Ich habe leider nicht mehr Geld.	**maalesef daha para-m yok** *leider mehr Geld-mein es=gibt=nicht*
Das da nehme ich.	**şunu al-ayım** *dies nehmen-WUNSCH=ich*
Wie teuer ist das Kilo (davon)?	**kilo-su kaç para?** *kilo-sein wieviel Geld?*
Das da will ich nicht.	**onu iste-m-iyor-um** *das wollen-nicht-Ggw.-ich*

Wie teuer ist das Stück (davon)?	**tane-si kaç para?** *Stück-sein wieviel Geld?*
Das ist sehr/zu teuer!	**bu çok pahalı** *dies sehr teuer*
Haben Sie kein anderes (davon)?	**başka-sı yok mu?** *anderes-sein es=gibt=nicht (?)*
Dies ist sehr schön.	**bu çok güzel** *dies sehr schön*
Haben Sie ein anderes ...?	**başka bir ... var mı?** *anderes ein es=gibt (?)*
kaufen	**(satın) almak** *zum Kauf nehmen*
Dies ist nicht schön, es gefällt mir nicht.	**bu güzel değil, hoş-um-a git-m-iyor** *dies schön nicht Gefallen-mein-Dat. gehen-nicht-Ggw.=es*
Wie teuer ist das?	**bu kaç para?** **bu kaç lira?** **bu kaça?**
Geben Sie es mir billiger?	**indirim yap-ıyor-mu-sunuz?** *Ermäßigung machen-Ggw.-(?)-Sie*

satmak	verkaufen
ekmekçi	Bäcker
fırın	(Ofen=) Bäckerei
kitabevi	Buchladen
kırtasiye	Schreibwaren (handlung)
dükkan	Laden
mağaza	Kaufhaus
bakkal	Lebensmittel-geschäft
kasap	Fleischer
manav	Obsthandlung
eczane	Apotheke
balıkçı	Fischhändler
pastane	Konditorei
terzi	Schneider
ayakkabıcı	Schuster

Wenn man ein Geschäft sucht, dessen Bezeichnung man nicht kennt, nimmt man einfach das Wort für den Artikel, den man sucht bzw. einen Artikel, der typisch ist für die Art von Geschäft, und hänge die Nachsilbe

–cı/–ci/–cü/-cu/-çı/–çi/-çü/–çu

daran (s. auch Seite 69). Dadurch erhält man zwar nicht immer die übliche Bezeichnung, aber jeder wird verstehen, was man sucht.
Beispiel:
balık (Fisch) + **-çı = balıkçı**
ayakkabı (Schuh) + **-cı = ayakkabıcı**

Essen & Trinken

Frühstück

Das türkische Frühstück (**kahvaltı**) ist die einzige nicht warme Mahlzeit. Es sei denn, man nimmt – wie oft auch üblich – eine der vielen Suppen (mit Weißbrot) zu sich. Ansonsten kann es sich aus folgenden Bestandteilen zusammensetzen:

ekmek	(Weiß-)Brot
bal	Honig
tereyağı	Butter
reçel	Marmelade
zeytin	Oliven
peynir	Käse
yumurta	Ei
çay	Tee
beyaz peynir	weißer Käse (Schafskäse)
kaşar peyniri	gelber Hartkäse

küçuk oder **ufak çay**
kleiner Tee (in den typischen Bauchgläsern)

büyük oder **duble çay**
großer Tee (im Wasserglas)

kahve – Kaffee wird in der Türkei – entgegen allen Vorurteilen – viel weniger getrunken als Tee. Während man überall und bei jeder Gelegenheit ein Glas Tee schlürft, ist Kaffee aufgrund seines viel höheren Preises fast eine Delikatesse.

Seit nämlich die Türkei im ersten Weltkrieg ihre arabischen Kaffeeanbaugebiete verloren hat, muss er importiert werden, was nicht immer reibungslos klappte, so dass er zeitweise sehr knapp wurde - je nach Stand der Handelsbeziehungen. Auf diese Weise ist aus dem sprichwörtlichen Kaffeeland ein Land notorischer und begeisterter Teetrinker geworden. Da beim türkischen Mokka der Zucker mitgekocht wird, muss man bei der Bestellung dazusagen, wie man ihn gerne hätte, nämlich:

şeker-siz
Zucker-ohne
ohne Zucker

orta şeker-li
mittel Zucker-mit
mittelsüß

az şeker-li
wenig Zucker-mit
leicht gezuckert

çok şeker-li
viel Zucker-mit
stark gesüßt

Wer nicht zu Hause frühstückt, kann in einen der speziellen Frühstück"salons" (**kahvaltı salonu**) gehen. Außerdem gibt es in einigen Lokalen (**lokanta**) ebenfalls Frühstück. Man kann aber auch selbst einkaufen, was man braucht, und sich dazu im **çayhane** bzw. **çayevi** (Teehaus) einen Tee bestellen.

Mittag- und Abendessen

unterscheiden sich nicht prinzipiell, obwohl es normalerweise üblich ist, erst abends eine große Mahlzeit zu verzehren. Mittags begnügt man sich meist (schon aus Zeitgründen) mit einem kleinen Imbiss.

Im türkischen **lokanta** bekommt man warme Speisen verschiedenster Art. Die kleineren Betriebe haben allerdings nur eine recht begrenzte Auswahl, es gibt sogar solche, die nur auf Vorbestellung ihre Küche in Gang setzen (besonders in kleineren Orten).

Die Mahlzeiten werden nur zweimal am Tag jeweils zu den Essenszeiten neu zubereitet und dann in einer Glasvitrine vor der Küche aufgestellt, so dass man sich dort – zur Not mit Fingerzeigen – ein „Menü" aus kleinen Portiönchen zusammenstellen kann. Mit der Zeit werden die Speisen natürlich kalt, lediglich Fleisch wird direkt auf Bestellung hin gegrillt und ist daher immer warm. Die Preise sind festgelegt, in jedem Lokal muss eine Preisliste aushängen.

In Städten findet sich neben dem einfachen **lokanta** auch das sogenannte **restoran**. Mit dem Namen verbindet sich zwar eigentlich auch ein höherer Anspruch, der jedoch selten in der Qualität des Essens und des Service, eher dafür in der Höhe der Preise eingelöst wird.

Ausgesprochene Trinklokale sind die **çayhane** oder **çayevi** (Teehäuser), die **kahvehane** oder **kıraathane** (Kaffeehäuser) und die **meyhane** („Kneipe"). Dazu muss man folgendes wissen:

1. Das eigentlich strikte islamische Alkoholverbot wird nur von einer Minderheit noch konsequent befolgt. Gibt es in vielen Dörfern überhaupt keinen Alkohol (oft auf gemeinsamen Beschluss des Dorfrates hin), so ist in den Städten und an vielen Orten der Alkoholkonsum etwas ganz Normales geworden. Dennoch ist das alte Tabu insofern noch lebendig, als es zwei Sorten von Lokalen gibt: Solche, die Alkohol ausschenken und solche, die es nicht tun bzw. dürfen (**içkisiz** – alkoholfrei). Wer also seinen **rakı** (türkische Variante des Ouzo) zum Essen nicht entbehren möchte, informiere sich vorher! Ein Bier (**bira**) ist schon eher auch mal im **içkisiz lokanta** zu haben.

Dort, wo Alkohol ausgeschenkt wird, gibt es oft eine besondere Abteilung, in der wieder kein Alkohol getrunken werden soll. Da nämlich Alkoholgenuss moralisch immerhin doch suspekt ist, müssen besonders Frauen und Kinder davor geschützt werden - mit anderen Worten: Wo Alkohol getrunken wird, ist die Anwesenheit von Frauen und Kindern unerwünscht (und umgekehrt!). Und damit wären wir schon beim zweiten Punkt:

2. **Familienleben und öffentliches Leben sind in der Türkei traditionell strikt voneinander getrennt.** Der Mann findet sein Haupt-Wirkungsfeld in der Öffentlichkeit, alle das Gemeinwesen betreffenden Angelegenheiten werden von den **Versammlungen der Männer** beraten und

In kleinen Städten und auf dem Lande wird man außer allem bisher genannten nicht viele attraktive Möglichkeiten finden, sich abends bzw. nachts die Zeit zu vertreiben. Besonders in Istanbul jedoch, ebenso in anderen größeren Städten besonders der Westtürkei hat sich in den letzten Jahrzehnten ein reges durchaus modernes Nachtleben entwickelt, das dem mancher westeuropäischen Metropole in nichts nachsteht. Man findet z. B. neben einer - wenn auch bescheidenen - Homosexuellen- und Transvestiten-Szene vor allem einfach eine Unmenge von Bars, Clubs usw., also Lokalen, in denen man trinken und tanzen kann - zu durchaus genießbarer Musik.

besprochen. Teilweise geschieht das in ungezwungener Form bei gegenseitigen Besuchen an der Arbeitsstelle oder während der Arbeitspausen im Teehaus, Lokanta etc. oder schließlich auch nach der Arbeit, wenn sich die Männer im größeren Kreise versammeln. Man tauscht wichtige (und weniger wichtige) Neuigkeiten aus, berät anstehende Probleme, Entscheidungen usw. Diese quasi-politische Funktion haben die häufigen Zusammenkünfte der Männer in vielen Dorfgemeinschaften auch heute noch, wobei dem Mann die Aufgabe zufällt, seine Familie nach außen hin zu repräsentieren.

Genauso aber wie die Trennung zwischen Arbeit und Freizeit traditionell viel weniger scharf ist als bei uns, lässt sich auch bei solchen Männertreffen keine direkte Grenze zwischen lockerer Unterhaltung und notwendigem Informations- und Meinungsaustausch ziehen. Zunehmend wandelt sich natürlich dort, wo sich die Lebens- und Arbeitsbedingungen verändern, auch der Charakter dieser Versammlungen: Mehr und mehr degenerieren sie zum rein Unterhaltsamen. Manche verbringen inzwischen ganze Tage mit Glücksspielen (nicht selten um Geld) wie **okey**, **elli bir** und **tavla,** Alkoholgenuss wird oft schon am Vormittag zur Regel, in letzter Zeit verschwindet selbst das soziale Element, indem nämlich in vielen Teehäusern nicht nur Fernsehapparate, sondern auch Videoanlagen installiert werden, vor denen nicht selten alle Besucher aufgereiht sitzen und

sich „berieseln" lassen.
Frauen und Kindern war nun der Zutritt zu diesen Männertreffen seit jeher verwehrt, erst neuerdings gibt es die **aile çay bahçesi** (Familienteegarten), in denen bestimmte Abteilungen für Familien, d. h. für Frauen und Kinder (oft aber immer noch in männlicher Begleitung) zugänglich sind. In diesen Abteilungen ist wie gesagt Alkoholgenuss untersagt.

Eine **Ausnahme** von dieser Regel bilden Frauen, die einen hervorgehobenen Status haben (z.B. Lehrerinnen) und die in entsprechender Angelegenheit anwesend sein müssen. In den Regionen, die unter stärkerem westlichen Einfluss stehen, werden diese Regeln in einzelnen Fällen auch durchbrochen, was zwar immer noch auffällt und Verwunderung und Neugierde hervorruft, aber nur sehr selten als anstößig aufgefasst wird.

Insbesondere von **ausländischen Frauen** wird dort – im Gegensatz zu den ländlichen Gebieten, besonders im Osten – die Einhaltung der Regeln nicht unbedingt erwartet. Dennoch sollte man vorsichtig sein: Ein zu offensichtlich „ignorantes" Verhalten gegenüber traditionellen Geboten der Sittlichkeit kann doch immer wieder dazu führen, dass eine Frau als „unanständig" gesehen wird, was entweder zu schroffer Ablehnung oder aber zu unerwünschten Annäherungsversuchen führen kann. Nicht zuletzt die amerikanische Kitsch-Film-Kultur vermittelt vielen Türken den Eindruck, alle Frauen der westlichen Welt seien „leicht“, wenn nicht sowieso Huren.

yemek	1. essen, etw. zu sich nehmen 2. Essen, Mahlzeit, Speise
yemek yapmak	Essen machen
yemek yemek	Essen zu sich nehmen
içmek	1. trinken (auch Suppen werden getrunken!)
(sigara içmek)	2. rauchen
aç	hungrig
tok	satt
susamak	durstig sein
kahvaltı	Frühstück
kahvaltı yapmak	Frühstück machen (zubereiten)
kahvaltı etmek	frühstücken
öğle yemeği	Mittagessen
akşam yemeği	Abendessen
çayhane, çayevi	Teehaus
(aile) çay bahçesi	(Familien-)Teegarten
meyhane	Kneipe
kıraathane, kahve(hane)	Kaffeehaus
kahvaltı salonu	Frühstücksstube
köfteci	Köfte-Stube
köfte	Hackfleischbällchen
pastahane, pastane	Konditorei (meist mit Sitzplätzen)
pide salonu	Pide-Stube
pide	längliche Fladenbrote, die mit Käse, Hackfleisch und anderer Auflage gebacken werden („türkische Pizza“)

taze	frisch	**tabak**	Teller
yağlı	fett	**tencere**	Topf
yağsız	mager, fettarm	**bardak**	Glas
zayıf	mager, leicht	**fincan**	Tasse
tatlı	süß	**bıçak**	Messer
tuz	Salz	**çatal**	Gabel
tuzlu	salzig	**kaşık**	Löffel
tuzsuz	ungesalzen	**temiz**	sauber
acı	scharf, bitter	**pis**	schmutzig
acısız	nicht scharf, mild	**gazoz**	Brause
ekşi	sauer	**bira**	Bier
şeker	Zucker	**fiçi birası**	Bier vom Fass
şekerli	gesüßt	**şarap**	Wein
yumuşak	weich (mürbe, zart)		
sert	zäh, trocken, hart		

... und noch ein paar Spezialitäten:

mantı	gefüllte Nudeln mit Yoghurt und Ei
lahmacun	Mehlfladen **(yufka),** in die man Hackfleisch, Zwiebeln, Petersilie einrollt
güveç	Rindfleischeintopf mit Gemüse
imam bayıldı	(„Der Imam fiel in Ohnmacht") gefüllte Auberginen mit viel Knoblauch
börek	Blätterteigrolle
etli börek	Blätterteigrolle mit Fleisch gefüllt
peynirli börek	Blätterteigrolle mit Schafskäse gefüllt
sigara böreği	(„Zigarettenbörek") kl. gefüllte Blätterteigröllchen
turşu	sauer Eingelegtes (Gurken, aber auch anderes Gemüse; wird von fliegenden Händlern auf der Straße verkauft)
sütlaç	Milchreis

karn-ım aç
Bauch-mein hungrig
Ich habe Hunger.

yakında bir lokanta var mı?
in=der=Nähe ein Lokal es=gibt (?)
Gibt es in der Nähe ein Lokal?

yemek-ler-iniz-e bak-abilir mi-yim?
Essen-PL.-Ihre-Dat. sehen-können (?)-ich?
Darf ich mal Ihre Speisen sehen?

bundan bir porsiyon bana getir-ebilir mi-siniz?
davon ein Portion mir bringen-können (?)-Sie
Bringen Sie mir eine Portion davon?

su da getir-ebilir mi-siniz?
Wasser auch bringen-können (?)-Sie
Können Sie mir auch Wasser bringen?

afiyet ol-sun!
Gesundheit werden-WUNSCH
Wohl bekomm's, guten Appetit!

hesap, lütfen!	die Rechnung, bitte!
garson!	Ober! (nur in vornehmen Restaurants)
usta!	Meister! (klingt gegenüber Jüngeren ironisch)
çef!	Chef! (das ist etwas salopp)
arkadaş!	Freund! (sollte man nur zu Gleichaltrigen oder Jüngeren sagen)

In einem türkischen Haushalt

Normalerweise sind nur **Frauen** mit der Zubereitung des Essens beschäftigt, wie überhaupt alles, was auch bei uns zu den typischen **Hausfrauentätigkeiten** gehört, ausnahmslos von Frauen erledigt wird. In Dingen, die die Haushaltsführung betreffen, ist die Frau allerdings nicht nur „Arbeitstier". Sie selbst bestimmt, wie, wann, in welcher Reihenfolge, von wem usw. die anfallenden Arbeiten zu verrichten sind. Gleichzeitig ist sie auch die entscheidende Person, an der es liegt, wie das private Familienleben abläuft. Letztlich ist sie diejenige, die hier für die „menschliche Komponente" sorgt.

Der **Mann** hat nur dann Grund einzugreifen, wenn irgendwelche **äußeren Belange** betroffen sind. Er ist dafür verantwortlich, dass der Ruf der Familie, der sich auf die äußere Einhaltung der moralischen und sittlichen Normen gründet, erhalten bleibt. Insofern ist er wiederum davon abhängig, dass sich seine Familienmitglieder entsprechend verhalten. Schwerwiegende Verstöße gegen Sittlichkeitsgebote, die von einem der Familienmitglieder begangen werden, gehen gewissermaßen „auf sein Konto": Er ist derjenige, der dabei ebenso ein Stück von seiner **Ehre** verliert.

Da nun der Mann für alles verantwortlich ist, was irgendwelche Berührungspunkte der Familie mit Personen nach außen hin betrifft, tritt er oft auch in Aktion, wenn besondere **Gäste im**

Hause sind. Bei einem richtigen Gastmahl kann es sogar sein, dass die Männer der Familie die Speisen zubereiten und auftragen.

Gegessen wird in einfachen Landhaushalten so gut wie immer **auf dem Fußboden.** An einer besonders dafür hergerichteten Stelle wird das **sofra** aufgebaut, ein Tischersatz, der manchmal nur aus einem besonderen Tuch, manchmal aus einem erhöhten Tablett, manchmal auch aus einem Holzgerüst besteht. Um das **sofra** herum setzt man sich auf den mit Teppichen, Kelims und Tüchern ausgelegten Fußboden und isst oft gemeinsam aus einem Topf (manchmal mit den Händen). **Der Gast wird zuerst bedient** (abgesehen von ganz kleinen Kindern, die von solchen Regeln noch ausgenommen sind). Als nächstes bedienen sich **die Männer in der Reihenfolge ihres Ranges** innerhalb der Familie. **Zum Schluss kommen die Frauen und Kinder,** die oft sogar bei feierlichen Anlässen später und getrennt von den Gästen die Reste der Mahlzeiten zu sich nehmen oder sogar ganz etwas anderes (weniger Aufwendiges) essen.

Vom Gast wird erwartet, dass er verbal durch nicht zu sparsames Lob und durch Verzehr einer angemessenen Menge die Freigiebigkeit des Gastgebers honoriert. Gleichzeitig sollte er aber (ohne darüber ein Wort zu verlieren) darauf achten, dass für die anderen Familienmitglieder genug bleibt, auch wenn ihm dabei immer noch der größere Anteil zusteht.

Man wird als Gast immer wieder aufgefordert, mehr zu nehmen – das verlangt die **Gast-**

freundschaft. Selbst wenn man im Grunde satt ist, sollte man dem nachgeben, solange man weniger verzehrt hat als die anderen. Nehmen Sie daher niemals eine Einladung zum Essen an, wenn Sie keinen Appetit haben. Bedanken Sie sich überschwenglich für die Einladung, bedauern Sie, dass Sie sie nicht wahrnehmen können, da Sie bereits gegessen haben. Und bitten Sie darum, die Einladung auf den nächsten Tag zu verschieben.

Nach beendeter Mahlzeit lobt der Gast die Hausfrau mit den Worten:

el-iniz-e sağlık
Hand-Ihre-Dat. Heil
Heil sei Ihren Händen!

Während des **ramazan** (islamischer Fastenmonat) darf nur vor Sonnenauf- und nach Sonnenuntergang gegessen werden (dafür dann aber um so mehr). Passen Sie sich dieser Regel an und essen Sie nicht in Gegenwart anderer. Dasselbe gilt in dieser Zeit fürs Rauchen. Alkoholgenuss, der eigentlich sowieso nicht gestattet ist, wird in der Zeit des **ramazan** besonders ungerne gesehen.

Das türkische Badehaus

Hamams sind die traditionellen **türkischen Badehäuser,** die es immer noch in fast jeder kleinen Stadt gibt. Sie werden allerdings von jungen Leuten kaum noch frequentiert. Dennoch: Einerseits können sie für den Reisenden durchaus eine Attraktion sein, andererseits bieten sie Gelegenheit, dort, wo es im Sommer an Wasser mangelt oder sonst keine Möglichkeit zu ausgiebiger Körperhygiene besteht, sich für relativ wenig Geld einmal recht gründlich mit heißem Wasser zu waschen.

Der **wichtigste Teil des Hamams** ist ein runder Kuppelraum, in dem ständig heißer Wasserdampf aufsteigt. Der ganze Raum ist meistens mit Marmor ausgefliest, an den Seiten befinden sich Marmorbänke, auf die man sich zum Waschen setzt. Am Ende einer jeden Bank ist ein kleines Wasserbecken angebracht, in das man heißes oder kaltes Wasser einlaufen lassen kann. Mit einer flachen Metall- oder Plastikschale schöpft man das Wasser aus dem Becken und übergießt sich. In der Mitte des Raumes steht ein großer Marmortisch, auf den man sich vor Beginn der Waschprozedur legen kann, um erst richtig ins Schwitzen zu kommen, denn man geht nicht nur ins Hamam, um sich zu säubern, sondern vor allem auch, um sich auszuruhen und zu entspannen. Wer das ganz ausgiebig tun will, kann sich nicht nur von einem Bediensteten waschen lassen (das geschieht mit einem besonders harten Lappen, der einem mit Sicherheit auch den größten Dreck von der Haut kratzt!), sondern er wird sich hinterher nach allen Regeln der Kunst auch noch massieren lassen. (Beide „Programme" sind natürlich mit einem Aufpreis verbunden, außerdem erwartet der Masseur selbstverständlich ein kleines Trinkgeld!).

In **Einzel- oder Sammelkabinen** zieht man sich um und hüllt sich in ein Baumwolltuch, das man sich um die Lenden wickelt. Männer dürfen dieses selbst beim Waschen nicht abnehmen bzw. müssen darauf achten, dass wenigstens die **Genitalien ständig bedeckt** sind. Bei Frauen soll es dagegen üblich sein, dass man sich auch gegenseitig beim Waschen hilft – hier ist es dann auch offenbar kein Tabu, sich gegenseitig nackt zu sehen.

Oft bekommt man vor dem Eintreten in den Kuppelraum schon ein Handtuch, so dass man dieses nach dem Waschen gegen das durchnässte eintauscht. In anderen **hamam** ist es üblich, dass **ein Helfer** einem am Ausgang des Waschraumes das nasse Tuch abnimmt und gegen ein trockenes einwechselt. Ein weiteres Tuch wird um den Kopf gebunden und eines über die Schultern gelegt. So eingewickelt begibt man sich in seine Umkleidekabine, legt sich dort auf die Bank und ruht sich erstmal – auf Wunsch bei einem Glas Tee oder Limonade – von der anstrengenden Prozedur aus und gewöhnt sich wieder an normale Temperaturen. Erst danach beginnt man, sich abzutrocknen und anzuziehen.

Natürlich herrscht im **hamam strikte Geschlechtertrennung!** In Orten mit mehreren **hamam** gibt es solche für Frauen und andere für Männer. Wo es nur ein **hamam** gibt, werden für jedes Geschlecht bestimmte Zeiten reserviert. Der Besuch des **hamam** gilt bei einigen Landleuten als sittlich suspekt, da davon ausgegangen wird, dass man sich beim Waschen voreinander „entblößt", was nach traditionellen Geboten der Sittlichkeit strenggenommen nicht zugelassen werden kann. Oft suchen diese Leute statt dessen das sogenannte **banyo** auf, wo man Einzelkabinen mit Dusche (**duş**) oder Badewanne (**kuvet**) für sich allein mieten kann.

kese	harter Frotteewaschlappen, mit dem man gewaschen wird
masaj	Massage
havlu	Handtuch
sabun	Seife (kann man sich gegen Abrechnung geben lassen)

kendi kendi-m-e yıkanmak ist-iyor-um
selbst selbst-mein-Dat. sich = waschen wollen-Ggw.-ich
Ich möchte mich selbst waschen.

Toiletten

Die türkischen Toiletten sind Stehklos. Man stellt sich in Hockstellung mit den Füßen auf einen speziellen - eventuell vorhandenen - Toilettenstein, von dem das Wasserloch eingefasst ist. Toilettenpapier ist nicht vorhanden, statt dessen wird man einen Wasserbehälter oder sogar fließendes Wasser finden, mit dem man sich unter ausschließlicher Zuhilfenahme der linken Hand säubert. (Daher sollte man mit der linken Hand keine Speisen berühren oder andere Leute begrüßen.)

bayanlar	Damen	**erkekler**	Männer
baylar	Herren	**kadınlar**	Frauen

tuvalet nerede?
Toilette wo?
Wo ist eine Toilette?

burada tuvalet var mı?
hier Toilette es=gibt (?)
Gibt es hier eine Toilette?

Unterwegs

Die Türkei hat zwar ein sehr schlecht ausgebautes und umständlich und langsam funktionierendes Schienennetz, dafür aber ein verhältnismäßig gutes Straßennetz, so dass die meisten größeren Strecken bequemer mit den häufig verkehrenden Reisebussen zurückgelegt werden können. Auf kleineren Strecken werden oft Klein- und Minibusse eingesetzt. In jedem größeren Ort, der angefahren wird, gibt es mehrere Reisebüros verschiedener privater Reisegesellschaften, die aber neuerdings zu festgelegten Preisen fahren, so dass es bis auf minimale Unterschiede im Service eigentlich gleichgültig ist, mit wem man fährt.

Auf kurzen Strecken und auf bestimmten festgelegten Routen innerhalb der Städte verkehren Minibusse oder große PKW nach dem **dolmuş** Prinzip. **dolmuş** heißt „gefüllt" - denn diese Taxen fahren erst dann los, wenn sie - manchmal zum Platzen - voll sind.

Eine „richtige" Taxe (**taxi**) ist natürlich um einiges teurer. Taxameter sind gesetzlich vorgeschrieben, es empfiehlt sich jedoch, ein Auge darauf zu haben, dass dieser auch tatsächlich eingeschaltet ist. Außerdem versuchen manche Taxifahrer über Umwege zusätzlich Geld zu verdienen. Benutzen Sie möglichst nur die offiziellen (gelbfarbenenen) Taxis, um schlimmere Überraschungen zu vermeiden.

Sollten Sie einmal auf ein Fahrzeug ohne Taxameter angewiesen sein, ist es ratsam, vor Beginn der Fahrt einen Festpreis auszuhandeln.

Man kann Busse anhalten (das ist allgemein üblich), wenn man das Gefühl hat, anders nicht mehr weiter zu kommen. Allerdings muss man natürlich einen angemessenen Anteil der Fahrtkosten zahlen. Nicht alle Fahrer nehmen allerdings Anhalter mit.

Hinweis für Tramper

saat on-da gitmek ist-iyor-um
Stunde zehn-in gehen wollen-Ggw.-ich
Ich möchte um zehn Uhr fahren.

Ankara'ya kadar bir bilet kaç para?
Ankara-Dat. bis ein Fahrkarte wieviel Geld?
Was kostet eine Fahrkarte bis Ankara?

otobüs Ankara'ya ne zaman var-iyor?
Bus Ankara-Dat. wann? kommen-Ggw.=er
Wann kommt der Bus in Ankara an?

seyahat bürosu nerede?
Reisebüro wo?
Wo ist ein Reisebüro?

tren hangi peron-dan hareket ed-iyor?
Zug welche Bahnsteig-von Abfahrt machen-Ggw.=er?
Von welchem Bahnsteig fährt der Zug ab?

Ankara'ya gitmek ist-iyor-um
Ankara-dat. gehen wollen-Ggw.-ich
Ich möchte nach Ankara fahren.

ne zaman kalk-ıyor?
wann? abfahren-Ggw.=er
Wann fährt er ab?

Ankara'ya otobüs gid-iyor mu?
Ankara-Dat. Bus gehen-Ggw. (?)
Gehen Busse nach Ankara?

daha boş yer var mı?
noch frei Platz es = gibt (?)
Gibt es noch freie Plätze?

öğrenci *und* **talebe** *haben die gleiche Bedeutung. Man unterscheidet nicht zwischen Schülern und Studenten.*

öğrenci bileti var mi?
Schüler Karte es=gibt(?)
Gibt es Schülerkarten?

otobüs	Autobus
minibüs	Minibus
araba	Wagen, Auto
tren	Zug
uçak	Flugzeug
gemi,vapur	Schiff
feribot	Fähre
havaalanı	Flughafen
liman	Hafen
iskele	Anleger
durak	Haltestelle
istasyon	Bahnhof
garaj,otogaraj	Busbahnhof

kalkmak	aufstehen, abfahren
hareket etmek	losgehen, losfahren
gelmek	(an)kommen
binmek	einsteigen
inmek	aussteigen
bagaj	Gepäck
gişe	Schalter
bilet	Fahrkarte,
gidiş dönüş bileti	Rückfahrkarte
peron	Bahnsteig (auch für Busse)
yolcu	Reisender
yolculuk, seyahat	Reise
gitmek	gehen, fahren
...-le/-la gitmek	mit ... fahren (mit dem Zug, dem Auto etc.)
dönmek	zurückkehren
dolu	voll
meşgul	besetzt
boş	frei

... mit dem eigenem Auto

en yakın benzinci nerede?
am = meisten nah Tankstelle wo?
Wo ist die nächste Tankstelle?

doldur-un, lütfen
füllen-BEFEHL = Sie bitte
Volltanken bitte!

yirmi beş litre normal benzin, lütfen
zwanzig fünf Liter Normal Benzin bitte
Fünfundzwanzig Liter Normal, bitte!

bir arıza var
ein Panne es=gibt
Ich habe eine Panne.

bana yardım ed-ebilir mi-siniz?
mir Hilfe machen-können (?)-Sie
Können Sie mir helfen?

bir kaza ol-du
ein Unfall werden-Verg.
Es ist ein Unfall passiert.

motor çalış-m-ıyor
Motor arbeiten-nicht-Ggw.=er
Der Motor springt nicht an.

iki kişi yaralan-dı
zwei Personen verletztwerden-Verg.
Zwei Personen sind verletzt.

Und noch ein paar Übersetzungen von wichtigen Hinweisschildern:

ölüm tehlike-si	**yasak bölge**	**yol yapımı**
Tod Gefahr-sein	*verboten Zone*	*Weg Herstellung*
Lebensgefahr	Sperrzone	Straßenbau

yavaş gid-iniz	**tamirat**	Baustelle
langsam gehen-BEFEHL=Sie	**tek yönlü**	Einbahnstraße
langsam fahren!	**park yapılmaz**	Parken verboten

kurşunuz benzin	bleifreies Benzin
normal benzin	Normalbenzin
süper	Super
mazot	Diesel
yağ	Fett, Öl
eksoz	Auspuff
fren	Bremse
lastik	Reifen
motor	Motor (oft auch Bezeichnung für jedes Motorfahrzeug)
lamba	Lampe, Licht
dişliler	Getriebe
kayış, kolan	Keilriemen
radyatör	Kühler
radyatör suyu	Kühlwasser
şanziman, kuplaj	Kupplung
tekerlek	Rad
karbüratör	Vergaser
buji	Zündkerze
kontak	Zündung
... çalışmıyor	... funktioniert nicht
benzin	Benzin
benzinci	Tankstelle, Tankwart
(araba)tamirhane(si)	(Auto)Werkstatt
... bozuk	... ist kaputt

Unterkunft

Wildes Campen ist in der Türkei offiziell verboten. Dennoch wird man mit der Zeit einen Blick für Stellen bekommen, an denen es dennoch relativ gefahrlos möglich ist. Trotzdem ist davon im allgemeinen abzuraten: Vermeiden Sie – wenn nur irgend möglich – zu intensiven Kontakt mit den türkischen Ordnungs- und Sicherheitskräften!

Es gibt in der Türkei verschiedene Möglichkeiten, für unsere Verhältnisse sehr **billig Unterkunft** zu finden. Neben dem **otel** (was dem Komfort und der Einrichtung nach nicht immer den Namen „Hotel" verdient), gibt es die **pansiyon** (meist zu finden in Orten mit Tourismus – der einzige Unterschied zum **otel:** sie ist eigentlich für einen Wochenend- oder Urlaubsaufenthalt von Familien gedacht; dementsprechend steht den Gästen eine Küche mit Herd und ein Kühlschrank zur Verfügung.

Auf dem Land in kleinen Orten, wo sich weder das eine noch das andere findet, sollte man einen Dorfbewohner ansprechen und fragen, wo man übernachten kann. Oft wird man Sie gastfreundlich aufnehmen – doch legen Sie es nicht darauf an: Die meisten haben sowieso nicht mehr, als sie selbst zum Leben brauchen, oft noch nicht einmal das.

Wenn man **keine private Übernachtungsmöglichkeit** findet, sollte man Kontakt zu dem

muhtar (Dorfvorsteher, der von den Dorfbewohnern bestimmt wird) aufnehmen. Er ist für alle Dorfangelegenheiten der erste Zuständige. Überall, wo Polizei oder Gendarmerie (**jandarma**) am Ort stationiert ist, muss man sich darauf gefasst machen, dass sie sich mehr für einen interessieren als einem lieb ist. Es ist schwer zu sagen, was sie möglicherweise an Ihnen für hochverdächtig halten könnten. So muss man immer damit rechnen, dass einem der Aufenthalt irgendwo verboten wird. Das Beste in einem solchen Fall ist es, sich möglichst ohne viel Aufhebens aus dem Staub zu machen.

otel	Hotel
pansiyon	Pension
kamp yeri	Zeltplatz
yatak	Bett
oda	Zimmer
duş	Dusche
sıcak	heiß, warm
soğuk	kalt
su	Wasser
tuvalet	Toilette
boş (oda)	frei(es Zimmer)
banyo	Bad
anahtar	Schlüssel
yorgan	(Bett)Decke
çarşaf	Laken
yastık	Kissen
mutfak	Küche
buz dolabı	Kühlschrank

karavan	Wohnwagen
çadır	Zelt
yer	Platz, Ort
kurmak	aufstellen

Einzelzimmer	**tek yatak-lı oda** *einzel Bett-mit Zimmer*
Doppelzimmer	**çift yatak-lı oda** *Paar Bett-mit Zimmer*
Drei-Bett-Zimmer	**üç yatak-lı oda** *drei Bett-mit Zimmer*
Wo ist das Bad?	**banyo nerede?** *Bad wo?*
Gibt es heißes Wasser?	**sıcak su var mı?** *heiß Wasser es=gibt (?)*
Haben Sie ein Zimmer frei?	**boş bir oda-nız var mı?** *frei ein Zimmer-Ihr es=gibt (?)*
Darf ich die Zimmer sehen?	**oda-lar-a bak-abilir mi-yim?** *Zimmer-PL.-Dat. sehen-können (?)-ich*

Bank, Post & Telefon

Bank (banka)

para	Geld
para birimi, birim	Währung
bozuk para	Kleingeld
para bozmak	Geld wechseln (zu Kleingeld; „Geld kaputtmachen“)
para değiştirmek	Geld wechseln (von einer Währung in die andere)
nakit	Bargeld
çek	Scheck
seyahat çeki	Reisescheck
çek bozdurmak	Scheck einlösen
kredi kartı	Kreditkarte
imza	Unterschrift
imza atmak	unterschreiben („Unterschrift werfen“)
kasa, vezne	Kasse
Euro	Euro (sprich: „yuro“)
Türk Lirası	Türkische Lira
isviçre frangi, isviçre franki,	Schweizer Franken

Euro-yu Lira-yla değiştir-ebilir-mi-siniz?
Euro-AKK. Lira-mit wechseln-können-(?)-Sie
Können Sie (mir) Euro [in Lira] wechseln?

Post (postahane, postane)

mektup	Brief
kartpostal	Postkarte
paket	Paket
pul	Briefmarke
adres	Adresse
gönderen	Absender
alıcı	Empfänger
göndermek	schicken
posta kutusu	Briefkasten
postacı	Briefträger
ekspres mektup	Eilbrief
uçak postasi (yla)	(per) Luftpost
ekspres mektup olarak	als Eilbrief
ücret	Gebühr

elli liralık pul
fünfzig Lira-Briefmarke
Fünfzig-Lira-Briefmarke

Telefon & Handy

Telefonzellen gibt es vornehmlich in zwei Versionen: Einmal die mittlerweile seltenen alten Münztelefone, die aber nicht mit Geld, sondern mit Spezialchips (**jeton**) gefüttert werden. Die Chips bekommt man auf dem Postamt in drei Größen: kleine (**küçük jeton**), mittelgroße (**normal jeton**) und große (**büyük jeton**). Auch für ein kurzes Auslandsgespräch sollte man sich schon mit einem Dutzend großer Chips eindecken. Praktischer sind da natürlich die inzwischen häufig anzutreffenden Kartentelefone. Die Telefonkarten (**telefon kartı**) gibt es ebenfalls auf dem Postamt. Schließlich findet man besonders an touristischen Zentren und Verkehrsknotenpunkten auch Kreditkarten-Telefonzellen.

telefon	Telefon
telefon etmek	telefonieren
jeton	Chip, Münze (für Fernsprechautomaten)
telefon konuşması	Telefongespräch
liralık telefon kart	Lira-Telefonkarte
cep telefonu	Mobiltelefon, Handy
sim kart	SIM-Karte
telefon konuşması	Telefon-Karte
hazir kart	(prepaid)

hazir kart-ı neredem al-abilir-im?
fertig Karte-AKK. woher? nehmen-können-ich?
Wo kann ich eine Prepaid-Karte bekommen?

sim kart-ı neredem al-abilir-im?
SIM Karte-AKK. woher? nehmen-können-ich?
Wo kann ich eine SIM-Karte bekommen?

Computer & Internet

Für den Chatter vielleicht wichtig: MSN- und Yahoo-Messenger sind neben dem speziell in der Türkei auch recht populären ICC-Messenger viel benutzte Chat-Programme, man wird sie also auf vielen PCs - auch in Internetcafés - schon vorinstalliert finden.

Wie in vielen anderen Bereichen ist die Türkei auch hinsichtlich der Verbreitung der sogenannten neuen Medien ein Land, in dem man eigentlich alles finden kann: Modernste apparative Ausstattung und avancierteste Formen des Einsatzes einerseits und fast völlige Abwesenheit jedes Zeichens dafür, dass so etwas wie ein Computer überhaupt existiert. Für den Reisenden kann die Faustregel gelten: In mittleren bis großen Städten wird er in der gesamten Türkei auf eine mehr oder weniger brauchbare Infrastruktur stoßen, also ohne allzu große Schwierigkeiten ein Internetcafé (**internet cafe**), von dem aus er seine Mails abrufen und abschicken, Internet-Recherchen durchführen und in der Regel auch chatten kann. Schwierig kann es allerdings auf dem Lande werden, und da - wieder ganz grob gesagt - je weiter man in den armen Südosten kommt, desto schwieriger.

Die Ausstattung ist i. d. R. ausreichend gut, Breitband-Internetanschlüsse wird man allerdings zur Zeit noch vergeblich suchen: Telefon-Modem ist zur Zeit noch Standard. Die Software entspricht internationalen Popularitätsstandards, die meisten Programme arbeiten mit englischsprachiger Oberfläche, so dass kaum sprachliche Probleme anfallen dürften.

Die Nutzungszeit wird informell gemessen, abgerechnet wird überwiegend einfach nach angebrochenen Stunden.

en yakın internet cafe nerede(-dir)?
am=meisten nah Internet Cafè wo(-ist)?
Wo ist das nächste Internetcafè?

internet-i kullanmak ist-iyor-um.
Internet-Akk. benutzen wollen-Ggw.-ich.
Ich möchte das Internet benutzen?

internet-in saatlik ücret-i ne(-dir)?
Internet-Gen. stündlich Gebühr-sein was(-ist)?
Wo teuer ist die Internetbenutzung pro Stunde?

şu konu-da bir problem-im var.
das(=da) Sache-in ein Problem-mein es=gibt.
Ich habe bei der Sache da ein Problem.

bu program-ı nasıl aç-abilir-im?
dies Programm-Akk. wie? öffnen-können-ich?
Wie kann ich dieses Programm öffnen?

internet bağlantısı	Internetanschluss
interneti kullanmak	das Internet benutzen
bilgisayar	Computer
e-mail	E-Mail
bakmak	ansehen
yazmak	schreiben
göndermek	(ab)schicken
saat	Stunde
yazısı, printer	Drucker
kağit (kağıdı)	Papier
dosya(yı) açmak	(die) Datei öffnen
dosya(yı) basmak	(die) Datei ausdrucken

Krank sein

Falls man ernsthaft krank werden sollte, verlasse man sich lieber nicht auf die Heilkünste von Laien und zweifelhaften Privatdoktoren. Sehen Sie zu, dass Sie in die nächste möglichst große Stadt kommen – am besten gleich ins Krankenhaus. Dort wird man sich mit Sicherheit dann auch auf Englisch oder Französisch verständigen können.

Da es sich in der Türkei – jedenfalls auf dem Lande – nur die wenigsten leisten können, einen Arzt aufzusuchen, bleiben oft auch schwere Krankheiten und Verletzungen unbehandelt bzw. man versucht ihnen mit gewissen „Naturheilverfahren“ oder ganz einfach mit Gebeten und Beschwörungen beizukommen. Es könnte sein, dass niemand versteht, warum man unbedingt einen teuren Arzt aufsuchen will. Falls man Schwierigkeiten bekommt, scheue man sich nicht, die Schmerzen gehörig zu übertreiben.

kendi-m-i iyi hisset-m-iyor-um
selbst-mein-Akk. gut fühlen-nicht-Ggw.-ich
Ich fühle mich nicht wohl.

hasta-yım
krank-bin=ich
Ich bin krank.

karn-ım ağr-ıyor
Bauch-mein wehtun-Ggw.=er
Mein Bauch tut weh.

gerçek-ten çok kötü-yüm
wahr-von sehr schlecht-bin=ich
Es geht mir wirklich sehr schlecht.

ateş-im var
Fieber-mein es=gibt
Ich habe Fieber.

doktor-a git-meli-yim
Arzt-Dat. gehen-müssen-ich
Ich muss zum Arzt gehen.

hastane-ye git-meli-yim
Krankenhaus-Dat. gehen-müssen-ich
Ich muss ins Krankenhaus gehen.

baş ağr-ım var
Kopf Schmerzen-mein es=gibt
Ich habe Kopfschmerzen.

en yakın doktor nerede?
am=meisten nah Arzt wo?
Wo ist der nächste Arzt?

en yakın hastane nerede?
Wo ist das nächste Krankenhaus?

ishal ol-dum
Durchfall werden-Verg.=ich
Ich habe Durchfall.
(„Ich bin durchfällig geworden".)

baş	Kopf
göz	Auge
kulak	Ohr
burun	Nase
boyun	Hals
göğüs	Brust
karın	Bauch
kol	Arm
el	Hand
omuz	Schulter
ateş	Fieber
bacak	Bein
ishal	Durchfall
diz	Knie
ilaç	Medikament
ayak	Fuß
kusmak	erbrechen

Verhaltenstipps

Die Türkei ist bekanntermaßen ein weitgehend islamisches Land. Obwohl Atatürk, Staatsgründer und erste Präsident der Türkischen Republik, durch eine recht weitgehende Trennung von Staat und Religion (Laizismus) und eine deutliche Westorientierung dafür gesorgt hat, dass sich moderne Institutionen im westlichen Sinne etablieren konnten und dass viele Sitten und Traditionen zurückgedrängt wurden, die man aus westlicher Perspektive als rückständig, feudalistisch oder auch inhuman betrachten würde, leben viele davon fort- besonders in den ärmeren Gegenden, also auf dem Lande und besonders in der Osttürkei. Es ist also dem Reisenden durchaus anzuraten, sich eher ein wenig zu vorsichtig zu verhalten und darauf gefasst zu sein, dass Freizügigkeiten, die in bestimmten Milieus in den modernen Städten der Westtürkei kaum Anstoß erregen, in anderen Gegenden, ja sogar in ärmeren Stadtvierteln derselben Stadt auf recht unfreundliche Aufnahme stoßen können.

Ein paar allgemeine Verhaltensregeln und -tipps mögen dazu dienen, die gröbsten Patzer zu vermeiden:

Kleidung: Kleiden Sie sich unauffällig und „sittlich“, d. h. bei Frauen: keine freien Schultern, keine tiefen Ausschnitte, lange Röcke (weite Hosen gehen auch). Bei Männern: bedeckter Oberkörper, keine kurzen Hosen. Badekleidung ist nur in typischen Badeorten mit viel Tourismus – und dann im Allgemeinen auch nur am Strand selbst – akzeptabel.

Geschlechtertrennung: Frauen sollten vorsichtig sein im Umgang mit männlichen Personen, ausgenommen es handelt sich um offizielle, geschäftliche u. ä. begründete Kontakte. In männlicher Begleitung muss auf solche Beschränkungen nicht geachtet werden. Frauen, die sich ohne Notwendigkeit allein mit Männern treffen oder auch nur längere Zeit unterhalten, können leicht als moralisch suspekt angesehen werden (u. U. auch gerade vom betreffenden Gesprächspartner, für den solch ein Verhalten geradezu eine Provokation darstellen kann.)

Umgekehrt hält sich ein „gesitteter" **Mann** nicht ohne weiteres in Frauengesellschaft auf oder spricht gar fremde Frauen an. Gegenüber ausländischen Frauen nehmen sich allerdings – besonders in den Städten – gewisse Männer einiges heraus. Das muss nicht immer mit Hintergedanken verbunden sein, dennoch ist Vorsicht angebracht, vor allem deutlich Distanz wahren. Selbst auf kleinste Zudringlichkeiten sollte sofort und entschieden abwehrend reagiert werden, zur Not lautstark, um andere aufmerksam zu machen.

rahat-sız et-me beni
Ruhe-ohne machen-nicht=BEFEHL=du mich
Lass mich in Ruhe!

bırak beni
lassen-Befehl-du mich
Lass mich!

ne yap-ıyor-sun be?
was? machen-Ggw.-du he
He, was soll das?

ne ist-iyor-sun ben-den
was wollen-Ggw.-du ich-von
Was willst du von mir?

kötü, pis adam! çok ayıp ya!
schlecht dreckig Mann sehr schändlich
Schlimmer, dreckiger Kerl! Welche Schande!

Pärchen sollten sich in der Öffentlichkeit nicht an der Hand halten, umarmen, küssen usw.!

Polizei, Militär: Vermeiden Sie, wenn möglich, jeden Kontakt. Denken Sie daran, wie es unter gewissen politischen Systemen allemal zugeht. Man genießt zwar als Fremder eine bevorzugte Stellung, aber gleichzeitig ist man auch automatisch verdächtig. Und man könnte versuchen, Sie als Informanten zu missbrauchen.

Gastfreundschaft: Gewöhnen Sie sich daran, dass man oft bevorzugt behandelt wird. Trotzdem sollte man dies nicht als selbstverständlich betrachten. Geben Sie immer wieder deutlich Ihre Zufriedenheit zu erkennen und seien Sie mit Ihrem eigenen Besitz ebenfalls großzügig (obwohl es sich für einen Gastgeber nicht schicken würde, regelrechte Gegenleistungen anzunehmen).

Nicht alles, was nach Gastfreundschaft und Hilfe aussieht, ist allerdings wirklich so gemeint: Viele haben gelernt, dass sich die Überraschung und das schlechte Gewissen des Gastes sehr gut für vorteilhafte Geschäfte nutzen lassen. Bekommt man diesen Eindruck, scheue man sich nicht, eventuelle Bitten oder Versuche, einen auf irgendetwas zu verpflichten, eindeutig abzulehnen. Der betreffende wird dann schon wissen, warum.

Dennoch: Machen Sie das Misstrauen nicht wegen solcher (leider immer häufiger zu treffenden) schwarzen Schafe zum Prinzip!

Rauchen ist für erwachsene Männer eigentlich nirgendwo ein Problem, bei Frauen wird das Rauchen in aller Regel auch akzeptiert, jedoch sollten sie das Rauchen auf der Straße vermeiden. In öffentlichen Lokalen gilt ein gesetzliches Rauchverbot.

Literaturhinweise

Lehrbücher

Reichert Verlag Wiesbaden

Alev Tekinay: Günaydın. Einführung in die moderne türkische Sprache.

Wer sich richtig ernsthaft mit dem Türkischen beschäftigen will, für den ist dieses zweibändige Lehrwerk genau das Richtige: Es ist didaktisch sinnvoll aufgebaut und arbeitet mit modernen Methoden. Und es vermittelt einen wirklich modernen türkischen Wortschatz.

Scriptor-Verlag

Klaus Liebe-Harkort: Türkisch für Deutsche.

Eine gute Ergänzung zu dem obengenannten Lehrbuch, das sich durch gute, witzige, phantasievolle Dialoge empfiehlt, die dem alltäglichen Gesprächsstil gut nachempfunden sind. Allein reicht es für eine ernsthaftere kontinuierliche Beschäftigung mit dem Türkischen wohl nicht aus, ist aber als Einstieg und „Appetitmacher" für alle die geeignet, die sich noch nicht so sicher sind, ob sie wirklich kontinuierlich Türkisch lernen wollen. In keinem Falle also eine Fehlinvestition.

Assimil-Verlag GmbH

Türkisch ohne Mühe

Selbstlernkurs für Anfänger und Wiedereinsteiger. Die Lehrmethode ermöglicht ein leichtes und einfaches Erlernen der türkischen Sprache. Auch als Multimedia-Package erhältlich.

Wörterbücher

Die hier aufgeführten Bücher sind nicht über den Reise Know-How Verlag zu beziehen! Bitte wenden Sie sich an Ihre Buchhandlung.

In den letzten Jahren ist endlich der chronische Missstand auf dem Wörterbuch-Markt fürs Türkische bereinigt worden. Die unten aufgeührten Werke enthalten (in ihren neuesten Auflagen) alle einen modernen Wortschatz, sind also alle gut brauchbar. Welches man bevorzugt, hängt natürlich von den individuellen Bedürfnissen ab. Meinem Eindruck nach enthalten die Werke der Langenscheidt-Reihe mehr Wörter, die der Pons-Reihe (Klett) dafür aber etwas ausführlichere Bedeutungserklärungen.

Als Ergänzung zum Kauderwelsch-Sprechführer empfehlen sich – je nach gewünschtem Wortschatzumfang:

Kleine Wörterbücher:
Pons Reisewörterbuch Türkisch (Klett Verlag), Langenscheidts Universalwörterbuch Türkisch, Langenscheidts Kompaktwörterbuch Türkisch.

Mittelgroße Wörterbücher:
Pons Kompaktwörterbuch Türkisch (Klett Verlag), Langenscheidts Taschenwörterbuch Türkisch.

gokercy@Fotolia.com

Das folgende Wörterverzeichnis enthält ca. 1000 Vokabeln. Außerdem kann man auch in den einzelnen Abschnitten noch weitere Wörter zu Themen und Situationen finden, die hier nicht noch einmal erscheinen. Bei den türkischen Wörtern, die sich beim Anhängen von Endungen verändern, sind in Klammern die veränderten Formen angegeben. In der deutschen Spalte sind die Umlaute in der alphabetischen Reihenfolge so eingeordnet wie ihre Entsprechungen „ae", „oe", „ue".

Moschee, Innenansicht

A

Abend akşam
Abendessen akşam yemeği
abends akşamleyin
aber ama, fakat
abfahren hareket etmek *(h. ediyor)*
abfahren, aufstehen kalkmak
Abfahrt hareket
Abfall çöp
Abteilung bölüm
Adresse adres
ähneln benzemek (benziyor)
ändern değiştirmek
ändern, sich değişmek
ängstlich korkak
ärgern, jdn. kızdırmak
ärgern, sich kızmak
alle(s) *(subst., bestimmt)* hepsi
alle, jeder *(subst., unbestimmt)* herkes
allein yalnız
alles *(subst., unbestimmt)* her şey
allgemeine(r,s) genel
allgemein *(im allgemeinen)* genellikle, genel olarak
alt *(Personen)* yaşlı, ihtiyar
alt *(Dinge)* eski
Alter yaş
am meisten en fazla
amtlich, öffentlich, offiziell resmi
andere(r/s) *(der/die/das andere)* öbür, diğer
andere(r/s) *(ein anderer)* başka
anfangen başlamak (başlıyor)
Angestellter, Beamter memur
Angst korku
Angst haben korkmak
anschauen bakmak
anhalten durmak
anmachen *(Licht)* yakmak
ansehen bakmak
anstrengend yorucu
antworten cevap vermek
anziehen *(Kleidung)* giymek
Anzug, Kleid*(ung)* elbise
Apotheke eczane
Araber, arabisch Arap (Arabı)
Arabisch *(Sprache)* Arapça
Arbeit iş
arbeiten çalışmak
Arbeiter işçi
arbeitslos işsiz
arm fakir, yoksul
Arm *(Körperteil)* kol
Armband bilezik
Art, Sorte çeşit, türlü
Arzt doktor
Asche kül
außerdem üstelik (de)
auch de *(nachgestellt)*
aufheben kaldırmak
aufhören, beenden bitirmek

aufhören, zu Ende gehen bitmek
aufmachen, öffnen açmak
aufpassen dikkat etmek (d. ediyor)
aufregen, jdn. sinirlendirmek
aufregen, sich sinirlenmek
aufstehen, abfahren kalkmak
aufwachen uyanmak
aufwecken uyandırmak
Auge göz
Ausgang çıkış
Ausländer, ausländisch yabancı, ecnebi
ausmachen *(Licht)* söndürmek
ausruhen dinlenmek
aussteigen inmek
aussuchen, auswählen seçmek
Ausweis hüviyet, kimlik
Auto, Wagen araba

B

backen, kochen, braten pişirmek
Bad, Badezimmer banyo
baden banyo yapmak
Bäckerei, Backstube fırın
Bär ayı
Bahnhof istasyon
bald yakında
Ball, Kugel top
Bank *(Geldinstitut)* banka
Bargeld nakit para
barzahlen peşin ödemek (p. ödiyor)
Batterie pil (Auto: akü)
Bau inşaat
Bauch karın (karnı)
Bauer köylü, çiftçi
Baum ağaç
Baumwolle pamuk (pamuğu)
Beamter, Angesteliter memur
beeilen, sich acele etmek (a. ediyor)
beginnen başlamak (başlıyor)
Bein bacak (bacaği)
Beispiel örnek (örneği)
zum Beispiel örneğin, mesela
Bekannter tanıdık (tanıdığı)
benachrichtigen, Bescheid geben haber, vermek
benutzen kullanmak
Berg dağ
Beruf meslek (mesleği)
beschweren, sich şikayet etmek, (s. ediyor)
besetzt meşgul
Besitzer sahip (sahibi)
besonders, gerade üstelik
besser daha iyi
beste(r,s) en iyi
bestellen, reden, sagen söylemek (söyliyor)
besuchen ziyaret etmek (z.ediyor)
betrunken sarhoş
Bett yatak
Betttuch, Laken çarşaf
Beutel, Tasche torba
bezahlen ödemek (ödiyor)
bisschen biraz
Bier bira
Bild resim
billig ucuz
Binde ped
bis ...-ya/ye kadar
bitte lütfen
blau mavi
bleiben kalmak
blind kör
Blödsinn, Unsinn, Quatsch sarişin
blond sarı saçlı
Blume çiçek (çiçeği)
Boden, Erde toprak (toprağı)
Boden, Platz, Ort, Erde yer
böse sein, sich ärgern kızmak
Brand yangın
braten, kochen, backen pişirmek
braun kahve rengi
breit, weit geniş
brennen yanmak
Brief mektup (mektubu)
Briefkasten posta kutusu
Briefmarke pul
Briefumschlag zarf
Brille gözlük (gözlüğü)
bringen *(mit-, her-)* getirmek
bringen *(weg-, hin-)* götürmek
Brot ekmek (ekmeği)

Bruder (jüngerer) (erkek) kardeş
Bruder (älterer) ağabey
Buch kitap (kitabı)
Bürgermeister (Dorfvorsteher) muhtar
Büro büro
bunt, farbig renkli
Burg kale
Bus otobüs

C

Cafe, Kaffeehaus kahve(hane), kiraathane
Campingplatz kampyeri
Chauffeur, Fahrer şoför
Chef şef

D

da, dort orada
dass ki
dach dam
daher, dorther oradan
dahin, dorthin oraya
damals, derzeit o zamanlar
Dame, Frau hanım
danach ondan sonra
danke sağ ol(un), teşekkür ederim
dann, danach, später sonra
dann, in diesem Fall, wenn es so ist o zaman
dauern sürmek
davor bundan önce
Decke *(Zudecke)* yorgan
Demokratie demokrasi
denken, meinen, nachdenken düşünmek
deutsch(er) Alman
Deutsch *(Sprache)* Almanca
Deutschland Almanya
dick *(körperlich)* şişman
dick *(Umfang)* kalın
Dieb hırsız
Dienst hizmet
Ding şey
Direktor müdür
Dorf köy
Dorfvorsteher muhtar
Dose, Schachtel kutu
draußen dişarıda
nach draußen dışarıya
Dreck, Schmutz pislik (pisliği)
drinnen içeride
nach drinnen içeriye
dünn *(körperlich)* zayıf
dünn *(Umfang)* ince
dumm aptal
dunkel kara
durcheinander, ver-/gemischt değişik

E

essbar yenilir
eben *(gerade)* demin
echt, wahr gerçek
Ecke köşe
egal *(„es macht keinen Unterschied")* fark etmez
Ehefrau karı
Ehemann koca
Ehre namus
Ei yumurta
eigentlich, in Wirklichkeit aslında
einfach, ohne Zusätze sade
einfach, unkompliziert basit
Eingang giriş
einige birkaç
einkaufen alış veriş yapmak
einladen davet etmek (d. ediyor)
Einsamkeit yanlızlık (yanlızlığı)
einsperren hapsetmek (hapsediyor)
einsteigen binmek
eintreten girmek
Eintrittskarte bilet
einverstanden sein, zustimmen kabul etmek (k. ediyor)
einverstanden! kabul!
Einwohner*(schaft)* nüfus
einzel-, einzelne(r,s) tek
Eis buz (-krem: dondurma)
Eisen demir
Eltern anababalar
Ende, Schluss son
endlich, schließlich, zuletzt en sonunda
Englisch *(Sprache)* Ingilizce
Engländer, englisch Ingiliz
Enkel(in) torun
Ente ördek (ördeği)

entlang an ...-ın/-in/-ün/-un boyunca
Erde, Platz, Boden, Ort yer
Erde, Welt dünya
Ereignis olay
erinnern, sich hatırlamak
erklären, erzählen anlatmak
erlauben müsaade etmek (m. ediyor)
Ernte harman
erst, vorher önce
erzählen, erklären anlatmak
Esel eşek (eşeği)
Essen machen yemek yapmak
Essen, Speise yemek
essen, speisen yemek
etwas *(ein bißchen)* biraz
etwas *(irgendetwas)* bir şey

F

Fabrik fabrika
fahren mit/in ... ile gitmek (gidiyor)
Fahrkarte bilet
Fahrrad bisiklet
fallen düşmek
falsch yanlış
Familie aile
Farbe renk
farbig, bunt renkli
Faschist faşist
faul tembel
Fehler *(Mangel)* kusur
Fehler *(Versehen, Irrtum)* hata
Feiertag, Fest bayram
Feld tarla
Ferien tatil
fernsehen televizyon seyretmek (t. seyrediyor)
Fernseher televizyon
fertig hazır
fertigmachen, zubereiten hazırlamak
Fest, Feier eğlence
Fett, Öl yağ
feucht, nass nemli
Feuer ateş
Feuerzeug çakmak (çakmağı)
Film filim (filmi)
finden bulmak
Finger parmak (parmağı)
Fisch balık (balığı)
Flasche şişe
fleißig çalışkan
Fleisch et
Fliege, Mücke sinek (sineği)
fliegen uçmak
Fluss nehir, ırmak
Flugzeug uçak (uçağı)
Form biçim, şekil
fortschrittlich ilerici
Foto fotoğraf
Fotoapparat fotoğraf makinası
fotografieren fotoğraf çekmek
Frage *(auch: Thema, Problem)* sorun
fragen sormak
Franzose, französisch Fransız
Französisch *(Sprache)* Fransızca
Frau kadın
Frau *(Ehefrau)* karı
Frau, Dame hanım
frei özgür
frei *(gratis)* serbest, parasız
frei *(leer)* boş
freuen, sich sevinmek
Freund arkadaş
frieren üşümek (üşüyor)
fröhlich neşeli
Frucht, Obst meyva
früh erken
früher önce
früher, damals eskiden
Frühstück kahvaltı
frühstücken kahvaltı etmek (k. ediyor)
fühlen hissetmek (hissediyor)
für ... için *(bei Pronomen m. Gen.)*
Fuß ayak (ayağı)
Furcht korku

G

Gabel çatal
Gans kaz
Garten bahçe
Gast misafir
geben vermek
gebildet okumuş
geboren werden doğmak
Geburtstag doğum günü
Gedanke, Meinung düşünce, fikir (fikri)

Gefahr tehlike
Gefallen finden, mögen beğenmek
gefährlich tehlikeli
Gefängnis hapishane
Gefühl duygu
gehen gitmek (gidiyor)
gehen *(zu Fuß)* yürümek (yürüyor)
gelb, blond sarı
Geld para
gemischt, vermischt değişik
Gemüse sebze
genau tam
genug! yeter!
genügend yeterli
Gepäck bagaj
gerade *(eben)* demin
gerade, besonders üstelik
Gericht mahkeme
gernhaben, mögen beğenmek
Geschenk hediye
geschlossen kapalı
Geschäft dükkan
Gesetz kanun, yasa
Gesicht yüz
gestern dün
gesund sıhhatlı, sağ
Gesundheit sağlık
Gewinn, Lohn, Verdienst kazanç
gewinnen, verdienen kazanmak
Gewitter, Sturm fırtına
gewöhnen, sich alışmak
Gewürze baharat
Gift zehir
giftig zehirli
Glas *(Material)* cam
Glas *(Trinkglas)* bardak, (bardaği)
glauben inanmak, sanmak
gleich, sofort hemen
gleich *(identisch)* aynı
gleich *(zeitl.)* hemen
gleichen, ähneln benzemek (benziyor)
glücklich, zufrieden mutlu
Gold altın
Gramm gram
Gras ot
gratis, frei serbest, parasız
grau gri, boz
Grenze sınır
Grieche, griechisch yunan
Griechenland yunanistan
Griechisch *(Sprache)* yunanca
groß büyük
groß *(körperlich)*, **lang** uzun
groß, riesig kocaman
großartig, prächtig şahane
Großmutter *(mütterlicherseits)* anne
Großmutter *(väterlicherseits)* nine
Großvater *(mütterlicherseits)* baba anne
Großvater *(väterlicherseits)* dede
grün yeşil
grüßen selam söylemek (s. söyliyor)
Gruß selam
Grund, Ursache sebep (sebebi), neden
gucken, anschauen bakmak
gut iyi

H

Haar saç
halb *(alleinstehend)* yarım
halb *(zus. mit ganzen Zahlen)* buçuk
Hals boyun (boynu)
halten, anhalten durmak
Haltestelle durak (durağı)
Hammel, Schaf koyun
Hand el
hart sert
Hauptstadt başkent
Haus ev
Heft defter
heiß, warm sıcak
heiraten evlenmek
helfen yardım etmek (y. ediyor)
hell aydın
Hemd gömlek (gömleği)
herauskommen, verlassen çıkmak
hereinkommen girmek
Herr .... bey
herumlaufen, spazierengehen gezmek
Herz kalp (kalbı)
Herz, Seele can
heute bugün
Hexe cadı

hier burada
hierher buraya
Hilfe yardım
Himmel gök
hinausgehen çıkmak
hineingehen girmek
hinlegen, sich; liegen, schlafen yatmak
hinten geride, arkada
nach hinten geriye
hoch yüksek
Hochzeitsfest düğün
hören duymak
hoffen ümit etmek (ü. ediyor)
Hoffnung ümit (ümidi)
Holz tahta
Hose pantalon
Hotel otel
Hügel, Erhebung tepe
Huhn tavuk (tavuğu)
Hund köpek (köpeği)
hungrig aç
Hut şapka

I

immer hep, her zaman
Insel ada
interessant ilginç
interessieren *(für ...)*, **sich** (... ile) ilgilenmek ... ile ilgilenmek
interessiert sein an, neugierig sein auf merak etmek (m.ediyor)
Italiener, italienisch Italyan
Italienisch *(Sprache)* Italyanca

J

ja evet
Jahr yıl, sene
jeder, alle *(adj.)* her
jeder, alle *(subst., unbestimmt)* herkes
jemand biri (birini)
jemand kimse
jetzt şimdi
jung genç

K

Käse peynir
Kaffee kahve
Kalender takvim
kalt soğuk
Kamel deve
kaputt bozuk
kaputtgehen kırılmak
kaputtmachen kırmak
Kartoffeln patates
Katze kedi
kaufen (satin) almak
Kaufhaus mağaza
Kellner garson
kennen*(lernen)* tanımak (tanıyor)
kennen*(lernen)*, **sich** tanışmak
Kenntnis, Wissen bilgi
Kerze, Wachs mum
Kilogramm kilo
Kilometer kilometre
Kind çocuk (çocuğu)
Kino sinema
klar! natürlich! tabii
klar, offensichtlich belli
Klasse sınıf
Kleid(ung), Anzug elbise
klein küçük
klein *(körperlich)* kısa
Kneipe meyhane
kochen, backen, braten pişirmek
komisch *(seltsam, merkwürdig)* tuhaf
kommen gelmek
Kondom preservatif
konservativ gerici
Konsulat konsolusluk (konsolusluğu)
kontrollieren kontrol etmek (k. ediyor)
Kopf baş
Kraft, Stärke kuvvet, güç
Krankenhaus hastane
Krieg savaş
Küche mutfak (mutfağı)
Kühlschrank buz dolabı
küssen öpmek
Kuh inek (ineği)
Kunde müşteri
kurz, körperlich klein kısa

L

Lachen gülmek
Laden, Geschäft dükkan
Lage, Situation durum
Laken, Bettuch çarşaf
Lamm kuzu
Lampe lamba
Land ülke
Land *(Herkunfts-, Heimatland)* memleket
lang, körperlich groß uzun

langsam yavaş
langweilen (sich) canı sıkılmak
langweilig cansıkıcı
lassen bırakmak
Lastwagen kamyon
laufen, rennen koşmak
laut *(lärmend)* gürültülü
laut sein gürültü etmek (g. ediyor)
leben yaşamak
Leben hayat, yaşam
Lebensmittelgeschäft bakkal
Leder deri
ledig bekar
leer, frei boş
Lehrer *(rel. oder Anredetitel)* hoca
Lehrer *(weltliche Berufsbezeichn.)* öğretmen
leicht *(einfach)* kolay
leicht *(Gewicht)* hafif
leider maalesef
leise sessiz
lernen öğrenmek
lesen okumak (okuyor)
letzte(r/s), vergangene(r/s) geçen
Leute, Menschen insanlar
Licht ışık (ışığı)
Liebe *(erotisch)* aşk
lieben, mögen sevmek
Lied, Gesang şarkı
Lied *(türk. Volkslied)* türkü
liegen *(ausgestreckt sein)* yatmak
liegen *(sich befinden)* durmak
liegenlassen bırakmak
Linker *(pol.)* solcu
links sol
Liter litre
Löffel kaşık (kaşığı)
Lohn, Gewinn, Verdienst kazanç
Lokal lokanta
Lüge yalan
lügen yalan söylemek
Luft hava
lustig neşeli

M

Mädchen. Tochter kız
mal kez, kere, defa
manche bazı
manchmal bazen, bazğ, zamanlar
Mann adam, erkek
Markt pazar, çarşı
Maschine makina
Material, Stoff, Zeug, Ware madde
Mauer, Wand duvar
Maurer duvarcı
Medizin, Medikament ilaç
Meer deniz
mehr *(nicht mehr)* artık *(in verneinten Sätzen)*
mehr, noch daha
meinen, annehmen, glauben sanmak
meinen, denken düşünmek
Meinung, Gedanke düşünce, fıkır (fıkrı)
Mensch insan
merkwürdig, seltsam, komisch tuhaf
Messer bıçak (bıçağı)
Meter metre
mieten kiralamak (kiralıyor)
mindestens en azından
Minister bakan
Minute dakika
mischen *(vermischen)* karıştırmak
mit ... ... ile
Mittag öğle
Mittagessen öğle yemeği
Mitte orta
mögen, Gefallen finden, gernhaben beğenmek
mögen, lieben sevmek
möglich mümkün
Monat ay
morgen *(am nächsten Tag)* yarın
Morgen *(Tageszeit)* sabah
morgens sabahleyin
Moschee cami
Motor motor
Mücke, Fliege sinek (sineği)
müde yorgun
Münze *(für Telefonzellen)* jeton
Mütze bere, kasket
Mund ağız, ağzı
Musik müzik (müzişi)
mutig, furchtlos korkmaz
Mutter anne

N

nass, feucht nemli
Nachbar komşu
nachdenken, denken düşünmek
Nachricht haber
Nacht gece
nächste(r,s), kommende(r,s) gelecek
nähen dikmek
nah yakın
Name *(Nach-)* soyadı (soyadını)
Name *(Vor-)* ad, isim (ismi)
Nase burun
natürlich! klar! tabii
Neffe, Nichte yeğen
nehmen almak
nein hayır
neu yeni
neugierig meraklı
neugierig, interessiert sein merak etmek (m. ediyor)
Nichte, Neffe yeğen
nichts (hiç) bir şey + *verneinte Verbform*
nie*(mals)* (hiç) bir zaman + *verneintes Verb*
niemand (hiç) kimse + *verneinte Verbform*
nirgends (hiç) bir yerde + *verneintes Verb*
noch *(mehr)* daha
nochmal bir daha
nötig lazım
Norden kuzey
normal normal
normalerweise normal olarak
nützlich yararlı, faydalı
null sıfır
Nummer numara
nur ancak, sadece, yalnız

O

oben yukarıda
nach oben yukarıya
Obst, Frucht meyva
oder yoksa
öffentlich, offiziell, amtlich resmi
öffnen, aufmachen açmak
Öl, Fett yağ
Österreich Avusturya
Ofen fırın
offen açık
offiziell, amtlich, öffentlich resmi
oft sık sık
Ohr kulak (kulağı)
Onkel *(Mutterbruder)* dayı
Onkel *(Vaterbruder)* amca
Onkel *(angeheirateter)* enişte
Ort, Platz, Boden, Erde yer
Osten doğu

P

Pass *(Ausweis)* pasaport
Paar çift
Papier kağıt (kağıdı)
Park park
Parkplatz parkyeri
Partei parti
passend uygun
Pause teneffüs
Person kişi
Pferd at
Plan plan
Platz *(in der Stadt, im Dorf)* meydan
Platz, Ort, Boden, Erde yer
plötzlich birden(bire)
Polizei polis
Polizeiwache karakol
Postamt postahane (PTT)
Postkarte kartpostal
Präsident *(Ministerpräsident)* başbakan
Präsident (Staats-) cumhur başkanı
Preis fiyat
privat özel, hususi
probieren, kosten denemek (deniyorum)
Problem, Frage soru
Problem, Schwierigkeit güçlük, zorluk
Prozent yüzde

Q & R

Quatsch, Blödsinn, Unsinn saçma
Rad tekerlek
Radio radyo
Radio hören radyo dinlemek (r. dinliyor)

Rand kenar
Räuber haydut
Rauch duman
rauchen *(Tabak)* (sigara) içmek
Rechnung hesap (hesabı)
Recht hak (hakkı)
recht haben haklı + *Personalendung*
Rechter (pol.) sağcı
rechts sağ
Regen yağmur
Regierung hükümet
regnen (yağmur) yamak
reich zengin
reichen, genügen yetmek
reicht! genug! yeter!
Reihe sıra
Reise yolculuk (yolculuğu), seyahat
Reisender yolcu
rennen, laufen koşmak
Reparatur tamir
reparieren tamir etmek (t. ediyor)
Republik cumhuriyet
Revolution devrim
revolutionär devrimci
richtig doğru
riechen *(an etwas)* koklamak (kokluyor)
riechen *(nach etw.)*, **stinken** kokmak
riesig, groß kocaman
Ring yüzük
rot kırmızı
Rücken, Hinterseite arka
rufen *(etw.)* bağırmak
rufen *(jmdn.)* çağırmak
Ruhe rahat, rahatlık
ruhig rahat, rahatlı
ruhig sein, rahat etmek (r. ediyor)
Russland Rusya
Russe, russisch Rus
Russisch *(Sprache)* Rusça

S

Sache şey
Sachen, Zeug eşya
Saft meyva suyu
sagen, bedeuten demek (diyor)
sagen, sprechen, reden söylemek (söylüyor)
Salat salata
Sand kum
satt tok
Satz cümle
Schachtel kutu
schade yazık
schädlich zararlı
Schaf, Hammel koyun
Schalter *(Bank, Bahnhof)* gişe
schauen, anschauen bakmak
Scheck çek
schellen zili çalmak
schenken hediye etmek (h. ediyor)
Scherz, Witz şaka
schicken göndermek
schieben, stoßen itmek
Schiff gemi
schimpfen küfür etmek (k. ediyor)
schlafen uyumak (uyuyor)
schlagen vurmak, dövmek
schlecht kötü
schließen, zumachen kapatmak
schließlich, zuletzt, endlich en sonunda
Schlüssel anahtar
Schluss, Ende son
Schmerz ağrı
schmerzen ağrımak (aşrıyor)
Schnee kar
schneiden, schlachten kesmek
Schneider terzi
schneien *(kar)* yağmak
schnell çabuk, hızlı
schön güzel
Schrank dolap (dolabı)
schreiben yazmak
schreien bağırmak
Schüler öğrenci, talebe
Schüssel tabla
Schuh ayakkabı
Schule okul
schwach zayıf
Schweiz Isviçre
schwer *(Gewicht)* ağır
schwer *(schwierig)* zor, güçlü
Schwester *(jüngere)* (kız) kardeş
Schwester *(ältere)* abla
Schwierigkeit, Problem güçlük, zorluk, problem
schwimmen yüzmek
schwitzen terlemek (terliyor)
See göl
Seele, Herz can
sehen görmek

sehen, sich *(sich treffen)* görüşmek
Seife sabun
seit ...-den/-dan beri
seit langem çoktan beri
Seite taraf, yan
selten seyrek
seltsam, merkwürdig, komisch tuhaf
sicher! klar! tabii
sicher, gewiß emin
Silber gümüş
singen şarkı söylemek, s. söyliyor
singen *(Lied)* (şarkı) söylemek (söyliyor)
Situation, Lage durum
sitzen oturmak
so öyle, böyle
sofort hemen
Sohn oğul (oğlu)
Soldat asker
Sommer yaz
Sonne güneş
soviel, soweit o kadar
sowieso zaten
Spanier, spanisch Ispanyol
Spanisch *(Sprache)* Ispanyolca
Spanien Ispanya
spazierengehen, herumlaufen gezmek
Spiel oyun
spielen oynamak (oynuyor)
spielen *(Musikinstrument)* çalmak
spielen (Spiel), tanzen (oyna) oynamak (oynuyor)
Sprache, Zunge dil
sprechen konuşmak, söylemek (söylüyor)
spät geç
später sonra
Staat devlet
Stadt şehir (şehri)
Stadtviertel mahalle
stark, kräftig kuvvetli, güçlü
stehlen çalmak
Stein taş
stellen, legen, hin(ein)tun koymak
sterben ölmek
Stift kalem
Stimme, Ton ses
stinken kokmak
stoßen, schieben itmek
Stockwerk kat
Stoff, Zeug, Material madde
Straße cadde
Strafe ceza
Streichhölzer kibrit
Streik grev
streiten, sich schlagen kavga etmek (k. ediyor)
Student, Schüler talebe, öğrenci
stumm dilsiz
Stunde saat
Sturm, Gewitter fırtına
Stück *(Teil)* parça
Stück *(Zähleinheit)* tane
suchen aramak (arıyor)
Suppe çorba
Süden güney

T

Tablett tepsi
Tag gün
Tante *(Mutterschwester)* teyze
Tante *(Vaterschwester)* hala
Tante *(angeheiratete)* yenge
Tanz dans
tanzen oynamak, dans etmek
Tasche *(feste)* çanta
Tasche *(Beutel)* torba
Tasche *(Hosen-, Jackentasche)* cep
Tasse fincan
tatsächlich, wirklich gerçekten
taub sağır
Taube güvercin
Taxi taxi
Tee çay
Teehaus çayhane, çay evi
Telefon telefon
telefonieren telefon etmek (t.ediyor)
Teller tabak (tabağı)
Teufel şeytan
Theater tiyatro
Tier hayvan
Tisch masa
Tochter, Mädchen kız
Tod ölüm
töten öldürmek
Toilette tuvalet
Tomaten domates
Ton, Stimme ses
Tor kapı

Traum rüya
traurig üzgün
traurig sein üzülmek
treffen *(jdn.)* bulmak
treffen, sich buluşmak
trennen *(etw., jdn.)* ayırmak (ayrıyor)
trennen, sich ayrılmak
trinkbar içilir
trinken içmek
trocken kuru
trotzdem buna rağmen
träumen rüya görmek
Tür kapı
Türke, türkisch Türk
Türkei Türkiye
Türkisch *(Sprache)* Türkçe
Turm kule

U

üben alıştırma yapmak
übersetzen çevirmek, tercüme etmek (t. ediyor)
Uhr saat
Umgebung etraf
Umschlag, Hülle zarf
und ve
und so *(weiter)* falan
Unfall kaza
ungefähr, etwa, mehr o. weniger aşağı yukarı
Universität üniversite
unruhig rahatsız
Unsinn, Blödsinn, Quatsch saçma
unten aşağıda
nach unten aşağıya
Unterschied fark
unterschreiben imza atmak
Urlaub izin (izni)
Ursache, Grund sebep (sebebi), neden

V

Vater baba
verbessern düzeltmek
verbieten yasaklamak (yasaklıyor)
verboten yasak
verbringen geçirmek
verdienen kazanmak
verdienen, gewinnen kazanmak
Verdienst, Lohn, Gewinn kazanç
vergangene(r/s), letzte(r/s) geçen
vergessen unutmak
verheiratet evli
verkaufen satmak
Verkäufer satıcı
verlassen, herauskommen çıkmak
verletzt yaralı
verliebt aşık
verlieren kaybetmek (kaybediyor)
verlorengehen kaybolmak
vermieten kiraya vermek
verprügeln dövmek
verrückt deli
Versammlung, Treffen toplantı
verschieden, getrennt ayrı
verschieden, unterschiedlich farklı, çeşitli, değişik
Versicherung sigorta
versprechen söz vermek
verstehen anlamak (anlıyor)
verstehen, sich anlaşmak
versuchen *(etwas zu tun)* çalışmak
Verwandter akraba
viel, sehr çok
vielleicht belki
Volk halk
vor *(zeitl.)* ... -den/dan önce
vorbeigehen, -kommen geçmek
vorbereiten hazırlanmak
vorher önce
vorne ileride, önünde
nach vorne ileriye
Vorsicht! dikkat!
vorsichtig sein dikkat etmek (d. ediyor)

W

wählen, aussuchen seçmek
Waffe silah
Wagen araba
wahr, echt gerçek
Wand, Mauer duvar
Ware, Material, Stoff, Zeug madde
warm, heiß sıcak
warten beklemek (bekliyor)

waschen, etwas yıkamak (yıkıyor)
waschen, sich yıkanmak
Wasser su
Weg, Straße yol
wegwerfen atmak
wehtun ağrımak (ağrıyor)
weiß beyaz
weich yumuşak
weil, denn çünkü
Wein şarap (şarabı)
weinen ağlamak (ağliyor)
weit weg uzak
weit, breit geniş
weitermachen, fortset - zen devam etmek (d. ediyor)
Welt, Erde dünya
wenig az
werden *(sein)* olmak
werfen, wegwerfen atmak
Westen batı
Wetter hava
wichtig önemli
wie ... gibi
wieder *(von neuem)* yeniden
Wind rüzgar
windig rüzgarlı
Winter kış
wirklich, tatsächlich gerçekten
wissen bilmek
Wissen, Kenntnis bilgi
wohnen oturmak
Wohnung, Büro daire
Wolke bulut
Wolle yün
wollen istemek
Wort kelime
Wort *(Aussage)* söz
Wüste çöl
wundern, sich şaşırmak

Z

Zahn diş
zeigen göstermek
Zeit zaman, vakit (vakti)
Zeitung gazete
Zelt çadır
Zentrum merkez
zerbrechen, kaputtge- hen kırılmak
zerbrechen, kaputtma- chen kırmak
Zeug, Sachen eşya
Zeug. Stoff, Material madde
Zigarette sigara
Zimmer oda
zu *(geschlossen)* kapalı
zubereiten, fertigma- chen hazırlamak
Zucker şeker
Zufall tesadüf
zufrieden mit ...-den/dan memnun
Zug tren
zuhören dinlemek (dinliyor)
Zukunft gelecek (geleceği)
zuletzt, endlich, schließlich en sonunda
Zunge, Sprache dil
zurück geri
zurückkommen (geri) dönmek
zusammen beraber, birlikte
zustimmen, einverstan- den sein kabul etmek (k. ediyor)
Zwiebel soğan

A

abla *(ältere)* Schwester
aç hungrig
acele etmek (a. ediyor) sich beeilen
açık offen
açmak öffnen, aufmachen
ad, isim (ismi) *(Vor-)*Name
ada Insel
adam, erkek Mann
adres Adresse
ağabey *(älterer)* Bruder
ağaç Baum
ağır schwer *(Gewicht)*
ağız, ağzı Mund
ağlamak (ağlıyor) weinen
ağrı Schmerz
ağrımak (ağrıyor) schmerzen, wehtun
aile Familie
akraba Verwandter
akşam Abend
akşam yemeği Abendessen
akşamleyin abends
alış veriş yapmak einkaufen
alışmak sich gewöhnen
alıştırma yapmak üben
almak nehmen
(satin) almak kaufen
Alman deutsch(er)
Almanca Deutsch *(Sprache)*
Almanya Deutschland
altın Gold
ama, fakat aber
amca Onkel *(Vaterbruder)*
anababalar Eltern
anahtar Schlüssel
ancak, sadece, yalnız nur
anlamak (anlıyor) verstehen
anlaşmak sich verstehen
anlatmak erzählen, erklären
anne Mutter
aptal dumm
araba Auto, Wagen
aramak (arıyor) suchen
Arap (Arabı) Araber, arabisch
Arapça Arabisch *(Sprache)*
arka Rücken, Hinterseite
arkadaş Freund
artık (in verneinten Sätzen) mehr *(nicht mehr)*
aşağı yukarı ungefähr, etwa
aşağıda unten
aşağıya nach unten
aşık verliebt
aşk Liebe *(erotisch)*
asker Soldat
ateş Feuer
atmak werfen, wegwerfen
Avusturya Österreich
ay Monat
ayak (ayağı) Fuß
ayakkabı Schuh
aydın hell
ayırmak (ayrıyor) trennen *(etw., jdn.)*
aynı gleich *(identisch)*
ayrı verschieden, getrennt
ayrılmak sich trennen
az wenig

B

baba Vater
bacak (bacağı) Bein
bagaj Gepäck
bağırmak *(etwas)* rufen, schreien
baharat Gewürze
bahçe Garten
bakan Minister
bakkal Lebensmittelgeschäft
bakmak ansehen, schauen
balık (balığı) Fisch
banka Bank (Geldinstitut)
banyo Bad, Badezimmer
banyo yapmak baden
bardak, (bardaği) Glas *(Trinkglas)*
baş Kopf
başbakan *(Minister-)* Präsident
basit einfach, unkompliziert
başka andere(r/s) *(ein anderer)*
başkent Hauptstadt
başlamak (başlıyor) anfangen, beginnen
batı Westen
bayram Feiertag, Fest
bazen bazı zamanlar manchmal

bazı manche
beğenmek mögen, gern haben, Gefallen finden
bekar ledig
beklemek (bekliyor) warten
belki vielleicht
belli klar, offensichtlich
benzemek (benziyor) gleichen, ähneln
beraber, birlikte zusammen
bere, kasket Mütze
... bey Herr ....
beyaz weiß
bıçak (bıçağı) Messer
biçim, şekil Form
bilet Eintrittskarte, Fahrkarte
bilezik Armband
bilgi Kenntnis, Wissen
bilmek wissen
binmek einsteigen
bir daha nochmal
bir şey etwas *(irgendetwas)*
(hiç) bir şey + *verneinte Verbform* nichts
(hiç) bir yerde + *verneintes Verb* nirgends
(hiç) bir zaman + *verneintes Verb* nie(mals)
bira Bier
bırakmak lassen, liegenlassen
biraz etwas, ein bisschen
birden(bire) plötzlich
biri (birini) jemand
birkaç einige
bisiklet Fahrrad
bitirmek aufhören, beenden
bitmek aufhören, zu Ende gehen
bölüm Abteilung
boş leer, frei
boyun (boynu) Hals
bozuk kaputt
buçuk halb (zus. mit ganzen Zahlen)
bugün heute
bulmak treffen *(jdn.)*, finden
buluşmak sich treffen
bulut Wolke
buna rağmen trotzdem
bundan önce davor
burada hier
buraya hierher
büro Büro
burun Nase
büyük groß
büyük anne Großmutter *(mütterlicherseits)*
büyük baba Großvater *(mütterlicherseits)*
buz (krem: dondurma) Eis
buz dolabı Kühlschrank

C

çabuk, hızlı schnell
cadde Straße
cadı Hexe
çadır Zelt
çağırmak *(jemanden)* rufen
çakmak (çakmağı) Feuerzeug
çalışkan fleißig
çalışmak arbeiten, versuchen (etwas zu tun)
çalmak stehlen, spielen *(Instrument)*
cam Glas *(Material)*
cami Moschee
can Herz, Seele
canı sıkılmak *(sich)* langweilen
cansıkıcı langweilig
çanta *(feste)* Tasche
çarşaf Laken, Bettuch
çatal Gabel
çay Tee
çayhane, çay evi Teehaus
çek Scheck
cep Tasche *(Hosen-, Jackentasche)*
çeşit, türlü Art, Sorte
cevap vermek antworten
çevirmek, tercüme etmek übersetzen (t. ediyor)
ceza Strafe
çiçek (çiçeği) Blume
çift Paar
çıkış Ausgang
çıkmak hinausgehen, verlassen, herauskommen
çocuk (çocuğu) Kind
çok viel, sehr
çoktan beri seit langem
çöl Wüste
çöp Abfall
çorba Suppe
cumhurbaşkani *(Staats)*Präsident
cumhuriyet Republik
cümle Satz
çünkü weil, denn

D

dağ Berg
daha mehr, noch *(mehr)*
daha iyi besser
daire Wohnung, Büro
dakika Minute
dam Dach
dans Tanz
davet etmek (d. ediyor) einladen
dayı Onkel *(Mutterbruder)*
de *(nachgestellt)* auch
dede Großvater *(väterlicherseits)*
defter Heft
değiştirmek ändern
değişik ge-/vermischt, durcheinander
değişmek ändern, sich
deli verrückt
demek (diyor) sagen, bedeuten
demin eben, gerade
demir Eisen
demokrasi Demokratie
...den/dan beri seit
...den/dan memnun zufrieden mit
...den/dan önce vor *(zeitl.)*
denemek (deniyorum) probieren, kosten
deniz Meer
deri Leder
devam etmek (d. ediyor) weitermachen, fortsetzen
deve Kamel
devlet Staat
devrim Revolution
devrimci revolutionär
dikkat! Vorsicht!
dikkat etmek (d. ediyor) aufpassen
dikmek nähen
dil Sprache, Zunge
dilsiz stumm
dinlemek (dinliyor) zuhören
dinlenmek ausruhen
diş Zahn
dışarıda draußen
dışarıya nach draußen
doğmak geboren werden
doğru richtig
doğu Osten
doğum günü Geburtstag
doktor Arzt
dolap (dolabı) Schrank
domates Tomaten
(geri) dönmek zurückkommen
dövmek verprügeln
düğün Hochzeitsfest
dükkan Laden, Geschäft
duman Rauch
dün gestern
dünya Erde, Welt
durak (durağı) Haltestelle
durmak (an)halten, liegen, sich befinden
durum Lage, Situation
düşmek fallen
düşünce, fıkır (fıkrı) Meinung, Gedanke
düşünmek denken, meinen, nachdenken
duvar Mauer, Wand
duvarcı Maurer
duygu Gefühl
duymak hören

E

eczane Apotheke
eğlence Fest, Feier
ekmek (ekmeği) Brot
el Hand
elbise Anzug, Kleid(ung)
emin sicher, gewiß
en azından mindestens
en fazla am meisten
en iyi beste(r,s)
en sonunda schließlich, zuletzt, endlich
enişte *(angeheirateter)* Onkel
erken früh
eşek (eşeği) Esel
eski alt (Dinge)
eskiden früher, damals
eşya Sachen, Zeug
et Fleisch
etraf Umgebung
ev Haus
evet ja
evlenmek heiraten
evli verheiratet

F

fabrika Fabrik
fakir, yoksul arm
falan und so (weiter)
fark Unterschied
fark etmez egal *(„es macht keinen Unterschied")*
farklı, çeşitli, değişik verschieden, unterschiediich
faşlst Faschist
fiyat Preis

filim (filmi) Film
fincan Tasse
fırın Ofen, Bäckerei, Backstube
fırtına Sturm, Gewitter
fotoğraf Foto
fotoğraf çekmek fotografieren
fotoğraf makinası Fotoapparat

G

garson Kellner
gazete Zeitung
geç spät
gece Nacht
geçen letzte(r/s), vergangene(r/s)
geçirmek verbringen
geçmek vorbeigehen, kommen
gelecek nächste(r,s), kommende(r,s)
gelecek (geleceği) Zukunft
gelmek kommen
gemi Schiff
genç jung
genel allgemeine(r,s)
genellikle, genel olarak allgemein *(im allgemeinen)*
geniş breit, weit
gerçek echt, wahr
gerçekten tatsächlich, wirklich
geri zurück
gerici konservativ
geride, arkada hinten
geriye nach hinten
getirmek bringen (mit, her)
gezmek spazierengehen, herumlaufen
... gibi wie
giriş Eingang
girmek hineingehen, eintreten
gişe Schalter *(Bank, Bahnhof)*
gitmek (gidiyor) gehen
giymek anziehen *(Kleidung)*
gök Himmel
göl See
gömlek (gömleği) Hemd
göndermek schicken
görmek sehen
görüşmek sich sehen *(sich treffen)*
göstermek zeigen
götürmek *(weg-, hin-)*bringen
göz Auge
gözlük (gözlüğü) Brille
gram Gramm
grev Streik
gri, boz grau
güçlük, zorluk, problem Schwierigkeit, Problem
gülmek Lachen
gümüş Silber
gün Tag
güneş Sonne
güney Süden
gürültü etmek (g. ediyor) laut sein
gürültülü laut *(lärmend)*
güvercin Taube
güzel schön

H

haber Nachricht
haber vermek benachrichtigen, Bescheid geben
hafif leicht *(Gewicht)*
hak (hakkı) Recht
haklı + *Personalendung* recht haben
hala Tante *(Vaterschwester)*
halk Volk
hanım Frau, Dame
hapishane Gefängnis
hapsetmek (hapsediyor) einsperren
hareket Abfahrt
hareket etmek (h. ediyor) abfahren
harman Ernte
hastane Krankenhaus
hata Fehler *(Versehen, Irrtum)*
hatırlamak sich erinnern
hava Wetter, Luft
hayat, yaşam Leben
haydut Räuber
hayır nein
hayvan Tier
hazır fertig
hazırlamak fertigmachen, zubereiten
hediye Geschenk
hediye etmek (h. ediyor) schenken
hemen gleich, sofort
hep, her zaman immer
hepsi alle(s) *(subst., bestimmt)*

her jeder, alle *(adj.)*
her şey alles *(subst., unbestimmt)*
herkes alle, jeder *(subst., unbestimmt)*
hesap (hesabı) Rechnung
hırsız Dieb
hissetmek (hissediyor) fühlen
hizmet Dienst
hoca Lehrer *(relig. oder Anredetitel)*
hükümet Regierung
hüviyet, kimlik Ausweis

I

içeride drinnen
iceriye nach drinnen
içilir trinkbar
... için *(bei Pronomen m. Gen.)* für
içmek trinken
(sigara) içmek rauchen (Tabak)
ilaç Medizin, Medikament
... ile mit ...
... ile gitmek (gidiyor) fahren mit/in
ilerici fortschrittlich
ileride, önünde vorne
ileriye nach vorne
(... ile) ilgilenmek sich interessieren für
ilginç interessant
imza atmak unterschreiben
... ın/in/ün/un boyunca entlang an
inanmak, sanmak glauben
ince dünn *(Umfang)*
inek (ineği) Kuh
Ingiliz Engländer, englisch
Ingilizce Englisch *(Sprache)*
inmek aussteigen
insan Mensch
insanlar Leute, Menschen
iş Arbeit
işçi Arbeiter
ışık (ışığı) Licht
işsiz arbeitslos
istasyon Bahnhof
istemek wollen
Isviçre Schweiz
Italyan Italiener, italienisch
Italyanca Italienisch *(Sprache)*
itmek schieben, stoßen
iyi gut
izin (izni) Urlaub

J

jeton Münze *(für Telefonzellen)*

K

kabul! einverstanden!
kabul etmek (k. ediyor) einverstanden sein, zustimmen
kadın Frau
kağıt (kağıdı) Papier
kahvaltı Frühstück
kahvaltı etmek (k. ediyor) frühstücken
kahve Kaffee
kahve rengi braun
kahve(hane), kiraathane Kaffeehaus
kaldırmak aufheben
kale Burg
kalem Stift
kalın dick *(Umfang)*
kalkmak aufstehen, abfahren
kalmak bleiben
kalp (kalbi) Herz
kampyeri Campingplatz
kamyon Lastwagen
kanun, yasa Gesetz
kapalı zu, geschlossen
kapatmak schließen, zumachen
kapı Tür, Tor
kar Schnee
kara dunkel
karakol Polizeiwache
(erkek) kardeş *(jüngerer)* Bruder
(kız) kardeş *(jüngere)* Schwester
karı Frau, Ehefrau
karın (karnı) Bauch
karıştırmak mischen *(vermischen)*
kartpostal Postkarte
kaşık (kaşiği) Löffel
kat Stockwerk
kavga etmek (k. ediyor) streiten, sich schlagen
kaybetmek (kaybediyor) verlieren

kaybolmak verlorengehen
kaz Gans
kaza Unfall
kazanç Lohn, Gewinn, Verdienst
kazanmak gewinnen, verdienen
kedi Katze
kelime Wort
kenar Rand
kesmek schneiden, schlachten
kez, kere, defa mal
ki dass
kibrit Streichhölzer
kilo Kilogramm
kilometre Kilometer
kimse jemand
(hiç) kimse + *verneinte Verbform* niemand
kiralamak (kiralıyor) mieten
kiraya vermek vermieten
kırılmak zerbrechen, kaputtgehen
kırmızı rot
kırmak zerbrechen, kaputtmachen
kış Winter
kısa klein *(körperlich)*, kurz
kişi Person
kitap (kitabı) Buch
kız Tochter, Mädchen
kızdırmak jdn. ärgern
kızmak böse sein, sich ärgern
kızmak sich ärgern
koca Ehemann
kocaman groß, riesig
koklamak (kokluyor) riechen *(an etwas)*
kokmak riechen *(nach etw.)*, stinken
kol Arm *(Körperteil)*
kolay leicht *(einfach)*
komşu Nachbar
komünist Kommunist
konsolusluk (konsolusluğu) Konsulat
kontrol etmek (k. ediyor) kontrollieren
konuşmak, söylemek (söyliyor) sprechen
köpek (köpeği) Hund
kör blind
korkak ängstlich
korkmak Angst haben
korkmaz mutig, furchtlos
korku Angst, Furcht
köşe Ecke
koşmak laufen, rennen
kötü schlecht
köy Dorf
köylü, çiftçi Bauer
koymak stellen, legen, hin(ein)tun
koyun Schaf, Hammel
küçük klein
küfür etmek (k. ediyor) schimpfen
kül Asche
kulak (kulağı) Ohr
kule Turm
kullanmak benutzen
kum Sand
kuru trocken
kusur Fehler, Mangel
kutu Dose, Schachtel
kuvvet, güç Kraft, Stärke
kuvvetli, güçlü stark, kräftig
kuzey Norden
kuzu Lamm

L

lamba Lampe
lazım nötig
litre Liter
lokanta Lokal
lütfen bitte

M

maalesef leider
madde Material, Stoff, Zeug, Ware
mağaza Kaufhaus
mahalle Stadtviertel
mahkeme Gericht
makina Maschine
masa Tisch
mavi blau
mektup (mektubu) Brief
memleket Land *(Herkunfts-, Heimatland)*
memur Angestellter, Beamter
merak etmek (m.ediyor) interessiert / neugierig sein
meraklı neugierig
merkez Zentrum
meşgul besetzt
meslek (mesleği) Beruf
metre Meter

meydan Platz *(in der Stadt, im Dorf)*
meyhane Kneipe
meyva Obst, Frucht
meyva suyu Saft
misafir Gast
motor Motor
müdür Direktor
muhtar Bürgermeister, Dorfvorsteher
mum Kerze, Wachs
mümkün möglich
müsaade etmek (m. ediyor) erlauben
müşteri Kunde
mutfak (mutfağı) Küche
mutlu glücklich, zufrieden
müzik (müziği) Musik

N

nakit para Bargeld
namuz Ehre
nehir, ırmak Fluss
nemli feucht, nass
neşeli lustig, fröhlich
nine Großmutter *(väterlicherseits)*
normal normal
normal olarak normalerweise
nüfus Einwohner(schaft)
numara Nummer

O

o kadar soviel, soweit
o zaman dann, in diesem Fall, wenn es so ist
o zamanlar damals, derzeit
öbür, diğer andere(r/s) *(der/die/das andere)*
oda Zimmer
ödemek (ödiyor) bezahlen
öğle Mittag
öğle yemeği Mittagessen
öğrenci, talebe Schüler
öğrenmek lernen
öğretmen Lehrer *(weltliche Berufsbezeichnung)*
oğul (oğlu) Sohn
okul Schule
okumak (okuyor) lesen
okumuş gebildet
olay Ereignis
öldürmek töten
olmak werden *(sein)*
ölmek sterben
ölüm Tod
önce früher, vorher
ondan sonra danach
önemli wichtig
öpmek küssen
orada da, dort
oradan daher, dorther
oraya dahin, dorthin
ördek (ördeği) Ente
örneğin, mesela zum Beispiel
örnek (örneği) Beispiel
orta Mitte
otel Hotel
otobüs Bus
oturmak sitzen
oturmak wohnen
öyle, böyle so
oynamak, dans etmek tanzen
(oyna) oynamak (oynuyor) spielen *(Spiel)*, tanzen
oyun Spiel
özel, hususi privat
özgür frei

P

pamuk (pamuğu) Baumwolle
pantalon Hose
para Geld
parça Stück *(Teil)*
park Park
parkyeri Parkplatz
parmak (parmağı) Finger
parti Partei
pasaport Pass *(Ausweis)*
patates Kartoffeln
pazar, çarşı Markt
ped Binde
peşin ödemek (ppeşin ödüyor) barzahlen
peynir Käse
pil (Auto: akü) Batterie
pişirmek kochen, backen, braten
pislik (pisliği) Dreck, Schmutz
plan Plan
polis Polizei
posta kutusu Briefkasten
postahane (PTT) Postamt
preservatif Kondom
pul Briefmarke

R

radyo Radio
radyo dinlemek (r. dinliyor) Radio hören
rahat, rahatlı ruhig
rahat, rahatlık Ruhe
rahat etmek (r. ediyor) ruhig sein
rahatsız unruhig
renk Farbe
renkli bunt, farbig
resim Bild
resmi öffentlich, offiziell, amtlich
Rus Russe, russisch
Rusça Russisch *(Sprache)*
Rusya Russland
rüya Traum
rüya görmek träumen
rüzgar Wind
rüzgarlı windig

S

saat Uhr, Stunde
sabah Morgen *(Tageszeit)*
sabahleyin morgens
sabun Seife
saç Haar
saçma Unsinn, Blödsinn, Quatsch
sade einfach, ohne Zusätze
sağ rechts
sağ ol(un), teşekkür ederim danke
sağcı Rechter *(polit.)*
sağır taub
sağlık Gesundheit
şahane großartig, prächtig
sahip (sahibi) Besitzer
şaka Scherz, Witz
salata Salat
sanmak meinen, annehmen, glauben
şapka Hut
şarap (şarabı) Wein
sarhoş betrunken
sarı gelb, blond
sarı saçlı blond
sarışın Blödsinn, Unsinn, Quatsch
şarkı Lied, Gesang
şarkı söylemek, s. söylüyor singen
şaşırmak sich wundern
satıcı Verkäufer
satmak verkaufen
savaş Krieg
sebep (sebebi), neden Ursache, Grund
sebze Gemüse
seçmek wählen, aussuchen
şef Chef
şehir (şehri) Stadt
şeker Zucker
selam Gruß
selam söylemek (s. söyliyor) grüßen
serbest, parasız gratis, frei
sert hart
ses Stimme, Ton
sessiz leise
sevinmek sich freuen
sevmek lieben, mögen
şey Sache, Ding
seyrek selten
şeytan Teufel
sıcak warm, heiß
sıfır null
sigara Zigarette
sigorta Versicherung
sıhhatlı gesund
sık sık oft
şikayet etmek (s. ediyor) sich beschweren
silah Waffe
şimdi jetzt
sinek (sineği) Mücke, Fliege
sinema Kino
sınıf Klasse
sınır Grenze
sinirlendirmek jdn. aufregen
sinirlenmek sich aufregen
sıra Reihe
şişe Flasche
şişman dick *(körperlich)*
soğan Zwiebel
soğuk kalt
sol links
solcu Linker *(polit.)*
son Schluß, Ende
söndürmek ausmachen *(Licht)*
sonra dann, danach, später
sormak fragen
soru Problem, Frage
sorun Frage *(auch: Thema, Problem)*
soyadı (soyadını) *(Nach-)*Name

söylemek (söyliyor) sagen, sprechen, reden, bestellen
(şarkı) söylemek (söyliyor) singen
söz Wort *(Aussage)*
söz vermek versprechen
su Wasser
sürmek dauern

T

tabak (tabağı) Teller
tabii klar! natürlich!
tabla Schüssel
tahta Holz
takvim Kalender
talebe, öğrenci Student(in), Schüler(in)
tam genau
tamir Reparatur
tamir etmek (t. ediyor) reparieren
tane Stück *(Zähleinheit)*
tanıdık (tanıdığı) Bekannter
tanımak (tanıyor) kennen*(lernen)*
tanışmak sich kennen*(lernen)*
taraf, yan Seite
tarla Feld
taş Stein
tatil Ferien
tavuk (tavuğu) Huhn
taxi Taxi
tehlike Gefahr
tehlikeli gefährlich
tek einzel, einzelne(r,s)
tekerlek Rad
telefon Telefon
telefon etmek (t.ediyor) telefonieren
televizyon Fernseher
televizyon seyretmek (t. seyrediyor) fernsehen
tembel faul
teneffüs Pause
tepe Hügel, Erhebung
tepsi Tablett
terlemek (terliyor) schwitzen
terzi Schneider
tesadüf Zufall
teyze Tante *(Mutterschwester)*
tiyatro Theater
tok satt
top Ball, Kugel
toplantı Versammlung, Treffen
toprak (toprağı) Boden, Erde
torba Beutel, Tasche
torun Enkel(in)
tren Zug
tuhaf seltsam, merkwürdig, komisch
Türk Türke, türkisch
Türkçe Türkisch *(Sprache)*
Türkiye Türkei
türkü Lied *(türk. Volkslied)*
tuvalet Toilette

U

uçak (uçağı) Flugzeug
uçmak fliegen
ucuz billig
ülke Land
ümit etmek (ü. ediyor) hoffen
ümit (ümidi) Hoffnung
üniversite Universität
unutmak vergessen
üstelik gerade, besonders
üstelik (de) außerdem
üşümek (üşüyor) frieren
uyandırmak aufwecken
uyanmak aufwachen
uygun passend
uyumak (uyuyor) schlafen
uzak weit weg
üzgün traurig
üzülmek traurig sein
uzun groß *(körperlich)*, lang

V

ve und
vermek geben
vurmak, dövmek schlagen

Y

... ya/ye kadar bis
yabancı, ecnebi Ausländer, ausländisch
yağ Öl, Fett
(kar) yağmak schneien
(yağmur) yağmak regnen
yağmur Regen
yakın nah

yakında bald
yakmak anmachen *(Licht)*
yalan söylemek lügen
yalan Lüge
yalnız allein
yalnızlık (yainızlığı) Einsamkeit
yangın Brand
yanlış falsch
yanmak brennen
yaralı verletzt
yararlı, faydalı nützlich
yardım etmek (y. ediyor) helfen
yardım Hilfe
yarım halb *(alleinstehend)*
yarın morgen *(am nächsten Tag)*
yaş Alter
yasak verboten
yasaklamak (yasaklıyor) verbieten
yaşamak leben
yaşlı, ihtiyar alt *(Pers.)*
yatak Bett
yatmak sich hinlegen, liegen, schlafen
yavaş langsam
yaz Sommer
yazık schade
yazmak schreiben
yeğen Nichte, Neffe
yemek Essen, Speise
yemek yapmak Essen machen
yemek yemek essen, speisen
yenge *(angeheiratete)* Tante
yeni neu
yeniden wieder *(von neuem)*
yenilir essbar
yer Boden, Platz, Ort, Erde
yeşil grün
yeter! reicht! genug!
yeterli genügend
yetmek reichen, genügen
yıkamak (yıkıyor) etwas waschen
yıkanmak sich waschen
yıl, sene Jahr
yoksa oder
yol Weg, Straße
yolcu Reisender
yolculuk (yolculuğu), seyahat Reise
yorgan Decke *(Zudecke)*
yorgun müde
yorucu anstrengend
yukarıda oben
yukarıya nach oben
yüksek hoch
yumurta Ei
yumuşak weich
yün Wolle
yunan Grieche, griechisch
yunanca Griechisch *(Sprache)*
yunanistan Griechenland
yürümek (yürüyor) gehen *(zu Fuß)*
yüz Gesicht
yüzde Prozent
yüzmek schwimmen
yüzük Ring

Z

zaman, vakit (vaktı) Zeit
zararlı schädlich
zarf *(Brief-)*Umschlag, Hülle
zaten sowieso
zayıf dünn *(körperlich)*, schwach
zehir Gift
zehirli giftig
zengin reich
ziyaret etmek (z.ediyor) besuchen
zor, güçlü schwer *(schwierig)*

Konjugationstabellen

Wie im Text versprochen, führe ich neben der dort ausführlich behandelten **-iyor/-ıyor/-uyor/-üyor**-Gegenwartsform noch eine weitere Gegenwartsform auf (r-Gegenwart). Außerdem findet man die Tabellen für die Zukunfts- und zwei Vergangenheitsformen. Sie dienen nur dazu, daß man sie erkennen kann, wenn man sie hört. Aus diesem Grunde erspare ich mir (und Ihnen) nähere Erläuterungen der Unterschiede und Gebrauchsweisen, die wieder sehr viel und für den Anfang unnützen Raum auf dem Papier und in Ihren Köpfen in Anspruch nehmen würden.

gitmek (gidiyor)

-iyor/-ıyor/-uyor/-üyor-Gegenwart

	positive Aussage	negative Aussage
ich	gidiyorum	gitmiyorum
du	gidiyorsun	gitmiyorsun
er/sie/es	gidiyor	gitmiyor
wir	gidiyoruz	gitmiyoruz
ihr/Sie	gidiyorsunuz	gitmiyorsunuz
sie	gidiyor(lar)	gitmiyor(lar)
	Frage	**verneinte Frage**
ich	gidiyor muyum	gitmiyor muyum
du	gidiyor musun	gitmiyor musun
er/sie/es	gidiyor mu	gitmiyor mu
wir	gidiyor muyuz	gitmiyor muyuz
ihr/Sie	gidlyor musunuz	gitmiyor musunuz
sie	gidiyor(lar) mı	gitmiyor(lar) mı

r-Gegenwart		
	positive Aussage	negative Aussage
ich	**giderim**	**gitmem**
du	**gidersin**	**gitmezsin**
er/sie/es	**gider**	**gitmez**
wir	**gideriz**	**gitmeyiz**
ihr/Sie	**gideriz**	**gitmezsiniz**
sie	**gider(ler)**	**gitmez(ler)**
	Frage	**verneinte Frage**
ich	**gider miyim**	**gitmez miyim**
du	**gider misin**	**gitmez misin**
er/sie/es	**gider mi**	**gitmez mi**
wir	**gider miyiz**	**gitmez miyiz**
ihr/Sie	**gider misiniz**	**gitmez misiniz**
sie	**gider(ler) mi**	**gitmez(ler) mi**

di/-dı...-Vergangenheit		
	positive Aussage	negative Aussage
ich	**gittim**	**gitmedim**
du	**gittin**	**gitmedin**
er/sie/es	**gitti**	**gitmedi**
wir	**gittik**	**gitmedik**
ihr/Sie	**gittiniz**	**gitmediniz**
sie	**gitti(ler)**	**gitmedi(ler)**
	Frage	**verneinte Frage**
ich	**gittim mi**	**gitmedim mi**
du	**gittin mi**	**gitmedin mi**
er/sie/es	**gitti mi**	**gitmedin mi**
wir	**gittik mi**	**gitmedik mi**
ihr/Sie	**gittiniz mi**	**gitmediniz mi**
sie	**gitti(ler) mi**	**gitmediler mi**

-miş/-miş/...-Vergangenheit		
	positive Aussage	**negative Aussage**
ich	**gitmişim**	**gitmemişim**
du	**gitmişsin**	**gitmemişsin**
er/sie/es	**gitmiş**	**gitmemiş**
wir	**gitmişiz**	**gitmemişiz**
ihr/Sie	**gitmişsiniz**	**gitmemişsiniz**
sie	**gitmiş(ler)**	**gitmemiş(ler)**
	Frage	**verneinte Frage**
ich	**gitmiş miyim**	**gitmemiş miyim**
du	**gitmiş misin**	**gitmemiş misin**
er/sie/es	**gitmiş mi**	**gitmemiş mi**
wir	**gitmiş miyiz**	**gitmemiş miyiz**
ihr/Sie	**gitmiş misiniz**	**gitmemiş misiniz**
sie	**gitmiş(ler) mi**	**gitmemiş(ler) mi**

Zukunft (-ecek)		
	positive Aussage	**negative Aussage**
ich	**gideceğim**	**gitmeyeceğim**
du	**gideceksin**	**gitmeyeceksin**
er/sie/es	**gidecek**	**gitmeyecek**
wir	**gideceğiz**	**gitmeyeceğiz**
ihr/Sie	**gideceksiniz**	**gitmeyeceksiniz**
sie	**gidecek(ler)**	**gitmeyecek(ler)**
	Frage	**verneinte Frage**
ich	**gidecek miyim**	**gitmeyecek miyim**
du	**gidecek misin**	**gitmeyecek misin**
er/sie/es	**gidecek mi**	**gitmeyecek mi**
wir	**gidecek miyiz**	**gitmeyecek miyiz**
ihr/Sie	**gidecek misiniz**	**gitmeyecek misiniz**
sie	**gidecek(ler) mi**	**gitmeyecek(ler) mi**

sound))) trip®
Neu bei
REISE KNOW-HOW
REISE KNOW-HOW
978-3-8317-5120-4
978-3-8317-5102-0
978-3-8317-5101-3
978-3-8317-5108-2
978-3-8317-5109-9
978-3-8317-5103-7
978-3-8317-5105-1
978-3-8317-5104-4
978-3-8317-5107-5
978-3-8317-5110-5
Die Compilations der CD-Reihe sound))) trip stellen die typische Musik eines Landes oder einer Region vor.
Die mit zehn Veröffentlichungen startende Reihe ist der Beginn einer einzigartigen Sammlung, einer Weltenzyklopädie aktueller Musik.
Jedes Jahr sollen unter dem Musik-Label sound))) trip mindestens zehn CDs hinzukommen.
Seit März 2008
im Buchhandel erhältlich
Jede Audio-CD
ca. 50–60 Min. Spieldauer
22-seitiges Booklet
Unverbindl. Preisempf.:
15,90 € [D]
in cooperation with:
(((piranha)))
Kostenlose Hörprobe im Internet unter:
www.reise-know-how.de

Kauderwelsch Sprechführer

Leute kennen lernen und einfach loslegen: Sprechen

K. Spitzing
Griechisch
ISBN 978-3-89416-564-2

Al Page
Türkisch-Slang
ISBN 978-3-89416-470-6

M. Korotkow
Usbekisch
ISBN 978-3-89416-335-8

Mina Djamtorki
Persisch
ISBN 978-3-89416-046-3

L. Paul
Kurdisch
ISBN 978-3-89416-285-6

D. Krasa
Arabisch für die Golfstaaten
ISBN 978-3-89416-496-6

Reise Know-How Verlag, Bielefeld
www.reise-know-how.de

Der Autor

Marcus Stein (Jahrgang 58) hat in Bielefeld Sprachwissenschaft studiert. Kontakte mit türkischen und kurdischen Kommilitonen weckten sein Interesse an deren Sprache. Er besuchte die Türkei mehrere Male und eignete sich dort erste Sprachkenntnisse an, die er später vertiefte. Auch durch die Bekanntschaft mit „Deutschtürken" lernte er viel über das Leben und die Kultur der Türkei.

Durch Sprachkurse für Ausländer, andere Tätigkeiten in der Ausländerarbeit und durch die vielen Bekannten und Freunde aus und in der Türkei gibt es immer wieder neue Berührungspunkte, auch wenn die Türkei nicht immer das erste Reiseziel bleibt.